# 恋のトリセツ

黒川伊保子
Kurokawa Ihoko



河出新書
051

# はじめに

さて、恋である。

私にとっては、一周まわって、戻ってきたテーマになる。

河出書房新社の太田美穂さんに、このテーマを言われたとき、私は、自分で投げたブーメランが戻ってきて、頭をぶつけたような気分になった。

「恋」は難しすぎる。人工知能（とその研究者）にとっては。

わけもわからず翻弄される、当事者でさえ説明もつかない恋心のありようを、どうやって機械に入力しろというのだろう。

とはいえ、無視することもできない。人工知能が人間を理解するには、恋する男女の不可解な言動を把握しておかないわけにはいかないから。

無視できないけど、どこから手をつけていいのかわからない。そんな難題に、二十二年前の私は、ふらりと手を出してしまった。私が人生で最初にいただいた連載エッセィの中で。朝日新聞社のPR月刊誌「一冊の本」に二年間にわたって掲載された「感じることば」である。二〇〇〇年の秋から始まったミレニアム（千年紀）越えの二年間だった。

〝感じることば〟は編集者の方からいただいたことばで、誌面のタイトルロゴには、黒いチューリップのイラストが添えられた。このタイトルとチューリップと二十一世紀の幕開けが、私に妖しい魔法をかけてくれたのだと思う。恋心の周辺にある甘い痛みや不穏な揺らぎを、脳の機構に照らし、季節に彩られながら書いた二十四編となった。

この中に登場する「私の大好きなひと」との会話は、すべて事実である。残念ながら、私には嘘が書けない。

ただし、「私の大好きなひと」は、実在の一名ではない。男友達や夫や息子と交わした会話の〝総体〟なのである。つまり、私の周辺にいる素敵な男たちをまとめて、

「私の大好きなひと」を作り上げたのだ。

　会話はそのままだけど、少しだけ脚色させてもらった。実際には、研究室で交わした色気のない会話なのに、まるで二人きりの空間で、肌を触れ合いながら交わしたかのように読めるように。話し始めの唐突さや、間の取り方で工夫して。まぁ、ちょっとだけ。


　でもね、長い時を経て、改めて読んでみると、あのとき、私たちの間には、恋心の靄《もや》が漂っていたような気もする。

　生殖（結婚や子育て）に至らない恋は、脳にとっては、幻影のようなものである。現実に何かあったとしても、何もなかったとしても、脳は「恋」という幻影を見る。どうせ、恋する脳は、現実なんて見ていないんだもの。

　二十年も経ってみると、現実に何があったかは、もう重要じゃない。

　彼は、私に恋をしていて、さりげない日常会話の中に、それを仕込んだのかも。

　私は、潜在意識ではそれを知っていて、エッセイの中に幻影の花を咲かせたのかも。

棺桶に入る前に、彼にもう一度会ってみたいけれど、私はそれを確かめることはしないだろう。なぜなら、恋心があったにせよ、なかったにせよ、何も変わらないから。彼は、私に、幻影の花の種をくれた。それだけでいい。

――いや。

もしかしたら、私が幻影だと思っていたことのいくつかが現実だったのでは……？　それだって、もう自信がない。脳の機構上、「不倫のキスをなかったことにしている可能性」は十分にありうるのだから。

この幻影こそが、人生の後半、とてもとても大事なのである。

十分に大人になってからの恋は、「誰かを独占して、ウェディングドレスで祝福を浴びる」イベントじゃない。季節の移ろいの中、相手のさりげないことばやしぐさの中に幻影の種を見つけて、自分でゆっくり花を咲かせる。そういう営みである。

自分自身の脳の中で起こることなのだ。

たまさかそれが、現実の世界にほんの少しはみ出すことがあっても、結局は大事には至らない。それが大人の恋である。

この本のタイトルは、「恋のトリセツ」。

異性の気を引くテクニック集に思えるかもしれないが、あからさまなそれじゃない。練れた大人のための、恋の教室である。けど、もちろん若い方が、このテクニックを身につけたら最強、というか極上の男（女）になれる。

この本で指南するのは、脳の中の恋の幻影の咲かせ方。私のトリセツなので、もちろん、ことばのテクニックが満載なのはお約束する。

ここに登場するようなセリフを、どうかまわりの異性に使ってみて。

ふんわりと甘やかな靄が立ちのぼるような、そんな男女関係を、どうぞ人生の中で、ひとつはお持ちくださいませ。

それが夫婦でできたらうんと素敵だし、そうじゃなくても、ことばの創り出す幻影に、誰が刃《やいば》を向けられるだろうか。

恋心を忘れてしまったら、人生は本当につまらない。

この星に、美しい季節の移ろいがあること。私たちにことばがあること。出逢った相手が、幻影の花を咲かすに足る、いい男（女）であること。

人生後半の恋は、それだけで十分に楽しめる。

相手が、同じ教養を持っていてくれたら、その人と紡ぐ対話こそ、「永遠の恋」なのである。

それでは、「脳内の恋」の情景を、お楽しみくださいませ。

## 目次

# 第一部

# 大人の恋の楽しみ方

# 目標のない恋

四十代の終わりごろ、同世代の女友達とふたりで、八十歳の素敵な女性を訪ねたことがある。

彼女は、かつて最初の結婚を捨てて、年下の芸術家の胸に飛び込み、日本を離れて、長くイタリアで暮らしていたひと。深い情と、鋭い知性を共に持つ、華のあるアーティストである。

彼女の住む海辺の家に向かう車の中で、友人が、ふと、こんなことを言い出した。

「目標のない恋って、どうしたらいいかわからない」

いわく、ある人を好きになってしまった。そのひとと、同じ空間にいると幸せになる。ことばを交わすとパワーをもらえる。一言で言えば、すごく好き。もちろん、夫が嫌になったわけではなく、家庭を捨てるつもりもないわけで、だとすれば、この思いをどうすればいいわけ？

未婚のときは、好きになれば、デートをして、キスをして、結婚というゴールに向かって邁進《まいしん》すればいい。けど、その道を行けない「好き」という気持ちは、持て余してしまう。どうしていいかわからなくて、苦しい。

**結婚だけが恋のゴールじゃない**

私は、「好きっていう気持ちを、楽しめばいいのに。飴玉を、口の中で転がすように。いつか、ゆっくり消えてなくなるから」

「どう楽しめばいいの？」と彼女が言うから、「眺めているだけでも楽しめるけど、食事をして、散歩して……それくらいはあってもいいのでは？　触れるか触れないか、たまさか触れても、それをつかの間の幻想だと思えるふたりでいればいい」

「結婚できないのに？」と彼女。「そう、結婚だけが、恋のゴールじゃない」と私。

「ん～～～～～、無理！」と彼女。「じゃぁ、彼を見ないようにするしかないわね。

仕事の担当を変えてもらって」と私。

「え〜〜〜〜、それも無理」と彼女。「じゃぁ、気持ちを楽しむしかないわよ」と、話が堂々巡りになりかかったところで、くだんのアーティストの家に着いた。

## 他人《ひと》に言えない思い

ワインとチーズを楽しみ、ひとしきり談笑しての帰り道のことである。

同行の友人が、「あなた、私の恋の話を、あの方にした？」と聞いてきた。「するわけないじゃない。ずっと一緒だったでしょ？」と答える。

「そうよね」と彼女は不思議そうな顔をして、こう続けた。「あなたが席を立ったとき、彼女がふとこう言ったの。——女はね、他人《ひと》に言えない恋の一つもないと、女って言わないのよ。恋しい当の本人にさえ告げない恋だっていいの。伊保子さんにも、きっとそれがあるはず」

私たちは、恋の話をしなかった。ただただ、彼女のイタリア話を楽しんだだけだ。なのに、成熟した脳は、友人の悩みを見抜いたのである。

「だから、この気持ちをしばらく楽しんでみようと思う」と、彼女は晴れやかに微笑んだ。「それって、この道を来るときに、私が言ったよね」と突っ込んだけど、友人には聞こえていないようだった。

四十代の私たちの中に、「他人に言えない思い」があることを、あの方はなぜ知ったんだろう。恋の話なんて、何もしなかったのに。

ただ、イタリア男は素敵よ、という話をしてくれただけ。

彼女の隣家のおじいちゃん（と彼女は言った）が、散歩の帰りに、彼女の家のドアをノックするのだという。後ろ手に、小さな花束を持って。で、彼女が扉を開けると、満面の笑みで、サプライズのように花束を差し出し、「妻には内緒だよ」と囁《ささや》くのだそう。道端の花を摘みながら帰ってきて、彼女に捧げて、何食わぬ顔で家に帰るのである。「毎度毎度のことなのに、ちゃんとサプライズを演出する。イタリア男って、いくつになってもロマンティストで、笑っちゃうわね」と、彼女は微笑んだ。

私はその話を聞いて、なんだか、胸が熱くなった。そのちょっとしたロマンスのおかげで、彼女は女でいられて、彼は男でいられる。いつの日か、自分を思い出してくれる美しい人をひとり残して逝ける。

私が、心の中でそう思って、ふくよかな気持ちになったのを、彼女は見逃さなかったに違いない。その話が、胸に染み込まなかった私の友人の表情も。

## ヒトが生殖期間を終えても齢《よわい》を重ねる理由

いつか、と私は思った。

いつか、あの海辺のたおやかな八十歳のように、こんなふうに、胸のつかえを落としてあげられる女性になりたい、と。

ヒトが、生殖期間を終えてなお、齢を重ねていく理由は、若い人たちに道を示してあげるためではないだろうか。

自分が苦しみぬいて、失敗してしまった悔恨を、ろ過して、艶《つや》めくアドバイスにして、若い人に渡してあげられたら、生きてきた年月の分だけ、価値のある人になれる。

人生後半を生きる意味が、私の胸にすとんと落ちてきた。

そのときの私は、五十を間近にして、ここから先の老いていくだけの人生に、うっすらと絶望していた気がする。まだ、人に好かれたい気持ちや、なりたい自分になれない焦燥も残っている「生殖のための前半人生」の現役選手だったのである。それも、もう限界を感じている最年長組として。

海辺の素敵な年上の女友達は、「生殖のための前半人生」なんて幼虫だと教えてくれたのである。更年期というさなぎを通り越して、私たちは羽化できる。美しい羽で、後半人生を謳歌しなさい、と。

## 五十代半ばに脳のモードが替わる

それから十五年余りが経って、六十二歳になり、私は「自分の人生を生きるための後半人生」の現役選手になった。このゾーンでは、まだ、伸び盛りの若手である。

四十代の人たちは、五十歳を過ぎたら、後は老後のような気がしているかもしれないが、それが案外そうじゃない。五十代半ばに脳のモードが切り替わって、人生がまた新鮮に見えてくるのである。

たぶん、人間の脳には「いのちをつなぐための前半人生」と「いのちを生きるための後半人生」があるのだと思う。

前半人生は、生殖相手を得るために恋をする。生殖相手を得たら、男も女も相手を独占しようとする。男は確実に自らの遺伝子を残すために、女はよりよい育児環境を確保するために。

生殖に最適の相手を独占するために、脳は、「誰よりも優秀であろうと焦り、それ以上によく見せようと虚勢を張り、嫉妬に駆られながら生きていく」モードに入ってしまう。それが、システム論的に、最も理にかなった「よりよき遺伝子を残す方法」だからだ。哺乳類のみならず、鳥だって、魚だってそうしている。この世の摂理である以上、苦しいけれど、生殖能力があるうちは、誰もがそれを免れない。

その呪縛が、するりと解けるのである。五十代のどこかで。「いのちを生きるゾーン」で重要なのは、自分が何を見て、何をするかだけ。ここから先は、自分の人生に集中できる。

後半人生組からすると、前半人生組は、苦しみすぎているような気がする。人生も、人の縁も。

人生はそう複雑じゃない。逆に、人の思いはそう単純じゃない。

**目標のない恋が誰かを癒す**

子どものときは苦くて飲めなかったコーヒーが、大人になると滋味に変わる。

同じように、若いときはただただ辛いだけだった「胸の痛み」が、十分に大人になると慈しみに変わる。

いや、逆か。「胸の痛み」を慈しみに変える術《すべ》を知って、人は、大人＝「人間のプロ」になっていくのかもしれない。

大人の恋は、それを知るために訪れる。

だから、目標のない恋もまた、人の道だと私は思う。

あなたの胸の痛みは、あなたが生きている証《あかし》だ。

やがてそれが、慈しみの玉になって、誰かを癒すことになる。

人は、五十歳を過ぎると、その慈しみの玉をいくつ持っているかで勝負が決まる。胸の痛みの数だけ、人生の後半戦はふくよかになる。

それにね、誰かに心惹かれるということは、脳にとって最大の活性剤である。その気持ち、死ぬまで、忘れないで生きましょうよ。

# フェードアウトする恋

『星の王子さま』には、人生に必要なすべてが書かれている。

何度読んでもそう思う。

私の本棚にある一冊は、ある寒い晩、バイクで走って帰ってきた息子の革ジャンのポケットから出てきた。

つめたく冷えたその本が、その後の人生で、何度も私の心を温めてくれることになるなんて、受け取ったその瞬間には知らなかった。

**人生の必読書『星の王子さま』**

十年ほど前のことである。

私の大好きなバイクレーサー、マルコ・シモンチェリが、レース中の事故で亡くなった。彼の才能と人柄をとても愛していたのと（個人的な知り合いではなかったけど）、バイク乗りの息子に同じことが起こったらどうしよう、という不安が重なって、私の心は、何日か光を失った。世界の半分くらいが闇で包まれたような錯覚に陥ったのである。テレビをつけて、タレントが笑っているのが不思議でしょうがなかった。なぜ、人が笑うのか、「心で」理解できなかったのだ。

そうして数日を過ごした私の手に、冷蔵庫で冷やしたような『星の王子さま』が載せられたのである。

「大学の生協で見つけた。今のハハ（息子は私をこう呼ぶ）が読むべき本だと思う。ぜひ、読んでみて」と、息子はとびきり優しい声で言った。

**死んだように見えるけどそうじゃない**

彼が、私に読ませたかったセリフは、ラストにあった。

王子さまが、飛行機乗りに別れを告げるシーンである。

『星の王子さま』は、砂漠に不時着した飛行機乗りが、小さな王子さまに出逢うものがたりだ。飛行機の修理に四苦八苦する飛行機乗りの傍らで、王子さまが、自分の星の話と、他の星や、地球で出逢った者たちの話をしてくれるのである。

この地球で王子さまが見たもの、感じたことが、あまりにも温かく切なくて、飛行機乗りと、読者の私たちの胸を締めつける。

やがて、飛行機の修理を終えたその日、王子さまが「今夜、自分の星に帰る」と告げるのだ。永遠の別れと悟って、悲しむ飛行機乗りに、彼はこう諭すのである。「おまえはさ、だれも他のやつらがもっていないかたちで星をもつことができるよ……」「おまえが夜に星を見上げるとね、その星のひとつにおれが住んでいるせいで、その星のひとつでおれが笑ってるせいで、おまえにとってはまるですべての星が笑っているように思えるはずだよ。笑う星たちを手に入れるわけさ！」「そうして悲しみがやわらいだとき（なぐさめは必ずやってくるものだからね）、おまえはおれと知り合ってよかったと思うはずだよ。おまえはいつまでもおれのともだちなんだもん」（管啓次郎訳、角川文庫『星の王子さま』より）。

息子は、この本を読む間、ずっと傍《そば》にいてくれて、ラストシーンで号泣する私を抱きしめてくれた。「ハハは、シモンチェリを失ったわけじゃない。すべてのバイク乗りを手に入れたのさ。これから、すべてのバイク乗りを愛しく思わずにはいられない。そうでしょう?」と。

ラストのラストに、王子さまは、こう言う。自分の星は遠すぎて、この体をもってゆくことはできない。死んだように見えるかもしれないけど、そうじゃないから、悲しまないで、と。

これから、私の人生に起こるであろう、永遠の別れのすべてを、この晩、星の王子さまと息子が包み込んで慰めてくれた。その後、父と義母、長年の親友を送ったけれど、いつも王子さまのことばと、息子の温かい手が私の傍にあった。

きっと、これからも。——私自身が逝くときにも。

**年をとると別れは永遠になる**

作者のアントワーヌ・ド・サン゠テグジュペリは、飛行機乗りの小説家で、香水の名にもなった『夜間飛行』などベストセラーをいくつも残している。本人初の児童書である本書を一九四三年に出版し、翌一九四四年、コルシカ島から偵察のために飛び立ち、地中海上空で消息を絶つ。彼を撃墜したナチスドイツ軍の兵士は、サン＝テグジュペリの愛読者で、のちに「長い間、あの操縦士が彼ではないことを願い続けた。彼だと知っていたら撃たなかった」と語ったという。

まるで、自分の運命を知っていたかのように、すべての人の悲しみを包んで慰撫する珠玉の一冊を残して逝くなんて。

私も、こんな一冊を残して逝きたいと思うけど、これを超える本なんて、だれが書けるだろうか。

この年になると、死に別れじゃなくても、別れは案外永遠なんだなとわかる。「またね」と別れた大好きなひとと、忙しくしているうちに時が経って、そうなると連絡が取りにくくなり、きっともう一生会うこともないのだろうとあきらめる。

大人の恋には、そんなこともある。

ただ会いたいから会う。やがて、互いに別々の家に帰るのがつらくなって、結婚する。そんな単純な道を行くことができない恋が、この世には山ほどある。

会うための大義名分を失うと、誘うのをためらい、やがて、連絡を取るタイミングを失ってしまう。勇気を出してメールを出してみても、彼（彼女）からメールの返事が返ってこない……そんなとき、何を思えばいいのだろうか。

### 大人の恋は余韻を楽しむもの

最後に会ったとき、私は失態を見せたのだろうか。最初はそんなふうに不安になる。彼に嫌われたのかもしれない、と。

でもね、たぶん、大切すぎて、会えなくなったのだ。

大人の恋は、なかなか「もう会うのが嫌」とはならないものだ。だって、「その人にすべてを捧げている」わけじゃないのだし、互いにそれを知っている。最初から「傍流」なのだもの、仮に他に好きな人ができたとしても、特に問題があるわけじゃない。

ただ。

大人には、恋心とは別の事情がある。

仕事や家族に何かが起こって、「自分の淡い恋」のために時間を割くことが後ろめたくなったのかもしれない。そんなこんなで時が過ぎてみると、ふと、自分の衰えに気づく。

「最後に会った日の気力で、彼女に会えない」と思う日もあるだろう。容姿の衰えにため息をついて、彼に会うのに気後《きおく》れすることもあるかもしれない。

会いたいけれど、彼女（彼）との思い出が大切すぎて、彼女（彼）の気持ちに翳《かげ》りをつくるのが怖くて、大人はあきらめていく。

大人の恋は、余韻を残したまま、フェードアウトしていく。

取り残されたほうは、胸が痛いけれど、嘆くことはない。

若い恋のように、明確に嫌われて、嫌な思い出にされるわけではなく、〝相手の事情〟で優しくフェードアウトされたのだから。大切な思い出にされて。

人生にひとつ、フェードアウトする恋をお持ちなさいませ。

フェードアウトする前に、うんと優しくし、優しくされた思い出をつくって。

## 無邪気になれる相手だけ覚えておく

星の王子さまが言うように、誰かと優しく情を交わした思い出は、もっと大きなものをくれるのである。

私は、男性全般を信じている。武骨だけど優しくて、純粋な気持ちの持ち主であると、ふんわりと信じている。それは、そういう人だった父と、大きくは期待を裏切らなかった夫と、期待以上の息子と、そうして、フェードアウトした大好きなひとのおかげ。

私が今日も無邪気に生きていける理由である。

恨むような相手は忘れればいい。自分を無邪気にしてくれる相手だけ、覚えておけばいい。ヒトの脳は柔軟で、いい思い出だけで記憶を構成すれば、いい人生だったと終えられる。
フェードアウトする恋を怖がらないで。永遠の別れを悲しまないで。
今日も明日も、いい人生でありますように。

# 男女の絆のつくり方

星の王子さまの教えてくれたことを、もう一つ。

王子さまが地球で三番目に出逢ったのは、きつねである。

砂漠に降り立ってしまって、孤独な旅をしてきた王子さまは、きつねと友達になりたくて、「おれと遊ぼう」と声をかける。

すると、きつねは、「きみとは遊べないよ」「なついてないからね」と断る。そして、「よかったら……ぼくをなつかせてよ!」と誘うのである。

「どうすればいいんだ?」と尋ねる王子さまを、きつねは諭す。一、がまん強くなくてはいけない、二、一日ごとに少しずつ近くに寄れるようになる。

次の日、またそこにやってきた王子さまに、きつねは言う。「おなじ時間に来てくれたほうがよかったね」「もしきみが、たとえば午後四時に来るなら、三時からぼくはしあわせな気持ちになりはじめる。時間が近づくにつれて、しあわせな気持ちも高まってくる。四時になれば、ぼくはやきもきし、心配になる。しあわせが何と引き換えなのかを知る！」「習慣が必要なんだよ」

あぁなんて、人の情の真実を言い当てているのだろう。

男と女の脳科学に照らして、このきつねの発言は珠玉であった。

情を交わすふたりに、習慣は何より大事だ。男に「定番」を、女に「時間」をくれるから。

実は、このきつねの発言は、二番目に出逢った者との間に生じた王子さまの心のストレスをとりのぞく大事な鍵になっているのだが、私がそれを明かすのはマナー違反だろう。どうぞぜひ、角川文庫『星の王子さま』（管啓次郎訳）をご一読ください。絶対に後悔しない、人生の必読書だから。

## 男の「定番」、女の「時間」

男の「定番」と、女の「時間」。これは、それぞれの脳に充足感をもたらす、大事なキーファクターである。

女は、時間をかけた対象に情が湧く。手をかけ、心をかけ、共によき時間を過ごした相手に愛着が湧く。だから、愛する女《ひと》にはちゃんと会いに行かなきゃね。彼女の愛情ポイントを稼ぐために。

一方で、男たちは定番に愛着が湧く。行きつけの床屋や飲み屋を容易には変えず、「いつものように」「いつものあれ」で済ませたがる。シャツもパンツも靴下も、気に入ったなら同じ銘柄を、可能ならば永遠に続けていく。

新しい美容室が気になり、「ここでしか食べられない」一期一会のスイーツに興奮し、先シーズンの服は着たくない女心とは、一線を画する「定番」好きである。

だから、「習慣」は一石二鳥なのだ。女性脳には時間の積み重ねを、男性脳には定番の安心感をくれるから。

## 男はなぜ「定番」を愛するのか

男性たちの多くは、とっさに空間認知の領域を優先して使う。

何万年も狩りをしながら進化してきた男性脳は、「とっさに」空間全体をさっと眺め、遠くの動くもの・奇異なものに瞬時に照準が合うように、眼球を制御している。狩りと縄張り争いに勝ち抜いていくための、基本のセンスである。

ところが、近くをつぶさに見ることには適さない。ヒトの脳は、遠くの動くものに照準を合わせているとき、近くを見ることはできないからね。汚れたコップや、脱ぎ棄てた靴下に気づきもしないし、目の前の人の表情が曇ったことなど感知もしない。そういう半径三メートル以内のことは、潔く女性に任せてきたのである。

この、足元が見えない、手元を見ない男たちは、身の回りを定番で固めておきたい。「いつものものが、いつもと同じところにある」と、安心して、遠くの対象物に照準を絞れるからだ。脳の処理速度が、圧倒的に速くなる。

時速三百五十キロを超える速度で走るバイクレーサーたちは（新幹線の屋根に生身で乗っているようなもの！）、キャビンでのヘルメットや手袋などの置き場所、その位置に一ミリ単位でこだわるという。世の中が定番でできている、と脳に安心させて、究極のスピードに乗っていくわけだ。

世界最高峰のバイクレーサーでなくても、男性脳は「定番の壊れ」に不快感がある。

**大人の恋の大事なルール**

だから、男たちの置いたものを安易に動かしてはいけない。

とくに、日常生活を共にしない男が、さりげなく置いたものを、甲斐甲斐しく片付けたりしないこと。

時を重ね、ふたりの逢瀬が「習慣」になって、彼の「定番」を呑み込むまで、そこに踏み込まないのが、大人の恋のルールである。

——あなたの「これまでの人生の定番」に、ずるりと踏み込むようなことはしないから。あなたをあなたのまま、受け入れるから。それを暗黙の裡《うち》に伝えることになる。

「日常の女」にはできない立ち位置を確保するための、見えない魔法の一つである。

その代わり、彼の定番を、いくつか確保しよう。

私の大好きなひとは、私の「ちゃんこ鍋」係である。

もうはるか昔、一番好きな「ちゃんこ鍋」は、彼としか食べないと決めた。彼がつみれを入れてすくうタイミングが素晴らしかったから。

私が愛するちゃんこ鍋屋のいわしは、その朝仕入れたものだけを使う。刺身で食べてもいいような身で作られたつみれなので、鍋に入れたら、比較的早いうちにさっと泳がせて、煮詰めないうちにすくうのがコツ。とはいえ、芯まで火が通っていないと興ざめだから、そのタイミングが難しいのだ。なのに、彼は完璧だった。彼がすくって私の鉢に入れてくれるつみれは、ふんわりとして優しかった。

私は、彼に「つみれの扱いが素晴らしいわ。私はもう、あなたとしか、ちゃんこ鍋を食べない」と宣言し、それを真摯《しんし》に守った。

毎年、コートを羽織る季節になると、「ちゃんこに行かなきゃね」と彼が言う。なにやかや忙しくて、三月の声を聞くと、「ちゃんこに行かなくていいの？　あったかくなっちゃうよ」とあわてたようにメールが来たりして。

彼がフェードアウトして十年が経っても、私は、ここのちゃんこを食べられない。

実を言うと一度だけ、その禁を破って、家族や仲間と食べに行ったことがある。「彼なら、このタイミングで一度、泳がせるよね」と思ったタイミングで鍋に菜箸を入れたら、「まだ、早い！」と夫がしかめっ面をし、「いやいや、ここのは新鮮だから……」と言ったら、「そんなふうにしたら、くずれるだろう！」と手を払われた。「いやいや、ここのは崩れないから、混ぜ方もあるし」と言い返そうとしたら、夫婦喧嘩だと思ったおよめちゃんが「喧嘩はやめて」と悲しい顔をし、息子がおよめちゃんをかばうようにして、「ハハが悪い。がさつに箸を突っ込むから」と私をたしなめた。

ふたりの男がいきり立ち、家族以外の大切な仲間もいたので、正義を通すことは叶わないと観念して、私は、箸を置いた。やがて、口に入れたつみれは、私の望んだ味じゃなかった。

私は、失ったものの意味を知って、心臓が痛くなった。胸が締めつけられる、ってこういうことを言うのだと、身をもって知るくらいに。

やっぱり、一度決めたことは、守らなきゃね。

毎年、寒くなると、この店のちゃんこを思い、彼を思い、家族のしかめっ面を思い出す。そして、「人生の慈しみ」を一つ、失ったことを悟るのだ。

彼もまた、寒くなると、私を思い出すのだろうか。

コートの襟を立てながら、あのひと、ちゃんこを食べられているのだろうか、と案ずるのだろうか。

私たちの間にあったのは、深い信頼と友情で、人生の大事には至らない縁だったけど、それでも、「ちゃんこ」というふたりの習慣を挟んで、私たちの間には、「情のかたち」が生まれた。そして、互いを思う「時間」を、永遠に与えられた。

なんだかね、「ちゃんこ」という洗練されていない単語なのが、まぁちょっと、カッコ悪いような気もするけど。

## 習慣は男と女の絆をつくる

日常の男女の仲でも、習慣をつくったほうがいい。

俳優の藤竜也さんは、八十代になった年上の妻と毎晩握手をする、と教えてくれた。この年になったら「おやすみなさい」が永遠の別れになることもある。だから、握手をするのだ、と。

「それがね、不思議なことに、これを習慣にしてから、妻の手が愛おしくてたまらないんだ」と藤さんは微笑んだ。傍らにいた女性編集者の手を眺めながら、「確かにこういう若い手は美しいよ。妻の手は、しみもあれば皺《しわ》もある、血管も浮き出ている老人の手なんだ。なのに、きみの手よりもずっと美しいと思う」と。

妻とはよく触れ合ってるよ、という方も、きつねのことばを思い出してほしい——

「おなじ時間に来てくれたほうがよかったね」

同じタイミングでないと、「習慣」にはならない。毎日のある時間（タイミング）、毎週のある曜日、毎月のある日、あるいは一年のうちのある季節、あるいは特定の日。タイミングが明確だと、やがて、やむなく習慣を失ったあとにも、それが、そのひとを思うチャンスになるから。

頻度は重要でないので、日常を共にしないふたりの間でも、習慣を作ってやれる。その習慣は、会えない時間を埋める手立てにもなる。女は、「次のそれ」を楽しみにする時間を持てるから。口の中で飴玉を転がすように。

女性脳は、「ことのいきさつ」を反すうする癖がある。その回路は、子育てに欠かせない回路だからだ。子どもに元気がないとき、「そう言えば、今朝から……」などと経緯を反すうできないと、子どものいのちを救えないからね。

女の反すう癖は、過去時間だけではなく、未来時間にも及ぶ。前の「それ」を思い出し、先の「それ」を楽しみにして暮らす。それが女の人生である。

習慣は、会えない時間を慰撫してくれる、恋の鎮痛剤である。

たとえ、「次のそれ」が永遠に来ない日が来ても、女は、喪失感を、やがて甘やかな完遂感に変えられる。

女は、男よりずっと、「時」の掟《おきて》を知っている。男性と違って、生殖能力を明確に失うし、若さが指から零《こぼ》れ落ちていくのを、毎日鏡を見ながら知っている。なにもかもが永遠じゃない。脳が覚えている「情をかけてもらった習慣」以外は。

「しあわせが何と引き換えなのかを知る」ときつねは言った。四時に現れるはずのひとが現れなかったとき、しあわせは彼がもたらしてくれたものだったと知る。習慣は大事だ、と。

習慣は、男と女の絆をつくる。最初はささいに見える「習慣の絆」は、やがて、案外、永遠になる。

ふたりの間に、素敵な習慣をお持ちなさいませ。

# 一生手放せない男

女が一生手放せない男。

千の灯の中で、私はその人の声を聞いた。

奈良・春日大社には、万燈籠と呼ばれる行事がある。

春日大社は、鹿が草をはむ広い草原と、春日山原始林の匂いを感じさせる野性的な森に挟まれた長い長い参道を持つ。駅や繁華街からそう遠くないのに、山奥に分け入っていったかのように感じさせるこの「空間力」は、奈良の大きな魅力のひとつだ。

その参道に、年に二回、灯がともる。

八月中元と二月節分、三千基とも言われる石灯籠に、一つ一つ、ろうそくが入れられるのである。

灯は、参道に沿って、二重三重に並び、延々と続く。社殿に向けて、参道はなだらかな上り坂。社殿に近づくと、二手に分かれて少しカーブするので、千の灯は、たゆたう川の流れのように見えて、まるで天の川の中にいるかのよう。私は、奈良で学生時代を過ごし、この行事をとても愛していた。

## 人生で最もロマンティックなセリフ

大学四年の節分の夜。

この地の住人として見る最後の万燈籠に、私はひとりで出かけた。

奈良は盆地で、冬は本当に冷える。冷気が湖のように街を沈め、静かに動かない感じだ。二月、陽射しが春の予感を感じさせてもなお、冷たい。けれど、冷気の湖の底で見る万燈籠は、また格別なのである。

参拝を終え、参道を下っているとき、私は、一組のカップルの間に割って入ってしまった。

万燈籠の日は、参道の街灯が消される。灯は隙間なく並んでいるものの、参道は暗く、人の顔など判別できない。人影を避けて歩かなくてはならないのである。

灯に見惚《みと》れて、うっかり、カップルを割いてしまった私は、「ごめんなさい」と謝りながら、身体をはすにして、ふたりの間をすり抜けた。

すると、女性が「若いってきれいね」と、男性に向かって言う声が聞こえた。美しく張りのある声だったが、その言いぶりの落ち着きから、おそらく五、六十代の女性だったと思う。そのセリフに、男性の優しい声が返された。「そうだね。若いころのきみはもっときれいだった。でも、今のほうがずっといい」

あれから四十年近くが経っている。六十代と思しき、あのおふたりは、きっともういないだろう。

けれど、あの夜の彼のセリフは、今も私の脳裏にあざやかに蘇る。たった今聞いたかのように。あまたの小説と映画の恋愛シーンを見てきたけれど、あのセリフほど、私の心を動かしたものはない。

女と生まれて、こんなセリフを言ってくれる男を手に入れたら、本望である。

思い出を美しく蘇らせてくれ、人生を肯定してくれる男。

**嘘でもいいから言ってあげてほしい**

それから、三十五年ほど経って、息子の結婚式の日。

およめちゃんの可憐なこと、美しいこと（この本に写真を掲載したいくらいだ）。

かつら合わせの日に、「おかあさん、私ね、日本髪がめちゃ似合う顔だった！」と、頬を染めて帰ってきたおよめちゃん。その通り、並のモデルさんをはるかに凌駕していた。文金高島田に白無垢の彼女は、まさに絶品だったのである。

「きれいねぇ」と涙ぐんだ私の隣で、夫も「きれいだね」と相づち。その後のセリフ（「きみもきれいだったよ」とか）は、もちろんなし。

けれど、家族ぐるみのお付き合いをしている素敵な男友達が、「花嫁さんはもちろん素晴らしいけど、〝母〟として凛として立っている、その姿が美しくて感動した」と言ってくれた。

私は、本望の男を手に入れることができなかったけれど、長く生きると、素敵な着眼点と、豊かなコトバ力を持った友を手に入れることができる。成熟した人生は、本当に素敵だ。

まぁ、まだあきらめてないけどね、永遠の別れの前に、一度くらいは言わせてみせる。「こういうときは、きみのほうがきれいだった、というのよ」と指導しておいたもの。とはいえ、「結婚式は、段取りで精いっぱいで、あんまり見てなかった」らしい。確かに、私も彼のことなどあまり覚えていないから、これはお互いさまかも（苦笑）。

でもね、嘘でもいいから言ってほしい。

あなたに、妻がいて、娘や息子の結婚式がこれからなら、ぜひ忘れないで。「きみのほうがきれいだった」と囁くことを。できれば「今のほうが、もっといい」もつけると百二十点である。

**本望の男**

ちなみに、私は、すでにひとり、「本望の男」を手に入れている。

息子である。

十五歳の誕生日を迎えた晩、万燈籠の晩に匹敵することばを、私はもらった。

十五歳は、おとな脳の完成期にあたる。子どもの脳の成長は、十五歳の誕生日ごろ、一応の完成を見るのである。このため、私は、彼にこう告げた。「今日で、私の子育ては終わった。あなたの脳は完成よ。ここからは親友になろうね」と。

私はふと思いついて、「私の子育てで、何が一番よかった？」と聞いてみた。中学生男子が、こんな質問にまともに答えるとは思えなかったけれど、息子は即座にこう答えてくれた。「絵本を読んでくれたこと」

私の脳裏に、子育ての黄金期が蘇る。働く母で、とにかく時間に追われていたけれど、絵本だけは毎晩毎晩、読んで聞かせた。私自身が本好きということもあるけれど、彼がとても嬉しがったからだ。

「身体が小さくなって、探検するやつ」

「『ミクロたんけんたい』！」

「サンタクロースがたくさん出てくるやつ、あったよね」

「『51ばんめのサンタクロース』？」

ふたりで声を揃えて、絵本を思い出す。

「ねぇ、もう一度読んであげようか？」と調子に乗って提案したら、「いや、いい」とクールなお答え。そりゃそうだろう、おとな脳も完成したのに。

その答えに不満はなかったけど、私は強い寂しさに襲われた。「我が家に、もう子どもがいなくなっちゃったんだ」と気づいて。絵本を読んでやれる子がもういない。

こみあげてくる思いに背中を押されるようにして、「もっともっと」と私は口にした。なのに、その後が続かない。もっともっと……なにを？

私の子育てなんて、結局、何も特別なことはしていない。食べ物を与えて、一緒に過ごして、お風呂に入って、寝る。ただ、それだけのことに、私は何を忙しがっていたのだろう。私は彼に、まだ何もしてやれていない……！

私は、号泣してしまった。息子は困惑して、私を抱きしめて、背中をさすりながら、「絵本を読む？」と言ってくれたけど、そういうことじゃない。

「もっともっと、傍にいればよかった。働く母で、ごめんね」と、私はやっと口にした。すると、息子は柔和な顔で、こう言ったのだった。「そうだね、確かに、小さなころは、毎日ハハを待っていた。でも、また生まれてくるのなら、働く、このハハがいい。一生懸命でかわいかったし、外の空気を持ってきてくれたのがよかった」

この彼のセリフを、私はこの世の終わりにきっと思い出す。このセリフをもって、私の子育ては完結し、永遠の祝福を与えられたのだもの。

——思い出を美しく蘇らせてくれ、人生を肯定してくれる男。

一九八三年の節分の夜、私が希求した「本望の男」を、私は手に入れている。夫以外の男たちで。夫、がんばってほしい。

**「時の結晶」を生む関係**

でもね、よくよく考えると、夫婦でこの関係は難しいのかも。

夫婦は、生き抜いていくためのペアである。イラつき、ぶつかり合いながら（ふたりのものの見方を多角化するために不可欠なこと）、タスクを分け合い、互いじゃなくて、前を見ているふたりである。

結婚式の日だって、段取りを間違いなくこなすのに一生懸命で、実際には、新妻の美しさに見惚れている暇なんてない。

暮らしのタスクから離れて、互いを見つめ合う時間を持てるカップルだけが、きっと、あんなセリフが交わせるのだろう。

——そう考えると、あのカップルは、夫婦じゃなかったのかも。

いわゆる愛人？　一瞬そうも思ったけれど、婚外関係とはいえ、長い関係の男女は、夫婦のようになってくる。深い関係の男女が六十代で、あの会話を交わすだろうか。

あのふたりは、触れそうで触れない、あるいは、たとえ触れあったとしても、どっぷりとは依存しあっていない、絶妙の縁だったのではないだろうか。互いに憧れと敬いを残したまま、恋を腐らせることなく時を過ごしたふたり。幼なじみだったのか、仕事仲間だったのか、師と弟子だったのか、はたまた亡き友の妻だった人なのか……。

私の妄想は広がれど、確かめる術はない。

苦楽を共にし、家族になっていくのは、素敵なことだ。

けれど、「時の結晶」のようなことばを生む縁を持つのも、また、人生の醍醐味なのではないかしら。

そんな男女関係を呼ぶことばが、日本語にはまだない。

# 時空を超える翼

「あなたは、ベネ・ゲセリットなの？」

ふとそう呟いたのは、私の大好きなひとだ。

人生で、何度か恋に落ちたけれど、恋に落ちた瞬間が、秒単位でわかったのは、このときだけだった。


ベネ・ゲセリットは、「ことばの音」で人心を操るテクニックを持つ女性たちのこと。私がこの世で最も愛するSF小説『デューン／砂の惑星』（原題『Dune』）に登場する。

小説の舞台となる宇宙帝国は、圧倒的な権力を持つ皇帝が統《す》べ、その配下にある貴族たちによって、いくつもの惑星が統治下にある。

そのうちの一つ、デューンは、砂に覆われた砂漠の星。人が住むのには過酷すぎる星だが、超高価なスパイス（飛行体の移動に使われる希少物質）が発掘されたことによって、その価値が危険なくらいに高騰する。

ものがたりの冒頭、主人公の侯爵一家は、この星に、新たな統治者として降り立つのである。

この宇宙帝国の某所には、ベネ・ゲセリットを育成する、いわゆる女子大があり、ここの卒業生は、為政者たちの側近となり、密かに連携して、陰でこの世のバランスを取っている。『デューン／砂の惑星』の主人公、若き侯爵となるポールの母親ジェシカが、このベネ・ゲセリットであった。

## 一言の力

あなたは、ことばの音が脳に与える影響について研究している。しかも、得体のしれない女子大出身だしね——私の大好きなひとは、笑いながらそう言ったあと、少し真顔になって、こう囁いたのである。「あなたは、ベネ・ゲセリットなの？」

小さな子どもが、「この世の魔法」について、大人に質問してくるときのような、そんな目をしていた。「あなたは、サンタクロースなの？」みたいに。

私は、彼に、『砂の惑星』の愛読者だとは名乗らなかった。この本は、SFの世界に慣れていない人には少々難解な長編小説で、誰もが愛読する本というわけではない。ベネ・ゲセリットというワードは、ふつう、日常会話には登場しない。

私の胸の中にある密かなワードを、彼がふと掬《すく》い上げたことで、私は、デューンの世界に引きずり込まれてしまった。「その世界を、実際に生きたことがある。ベネ・ゲセリットの一員として」——不思議なことに、あの瞬間から、そういう感覚を拭いきれない。

ヒトの脳というのは、本当に不思議なものである。そもそも今ここにある「感覚」の、どこまでが現実で、どこまでが幻想なのだろう……ただ、一つだけ確実なことがある。あの瞬間、彼が、物語と現実の境界線をゆるがしたことで、彼は私の「特別なひと」になった。

## 心のさざ波を消す方法

作者のフランク・ハーバートは、デューンの生態系を綿密に描き出している。

砂漠で覆われた星に住む民は、わずかな水で生き抜かなければならない。このため、体外に排出あるいは発散される「水」を回収して精製するスーツを着用している。生態系が水を循環してくれないので、「最も小さな生態系」＝身体で、その循環を実現しているのである。

彼らにとって、いのちとは、「水の入れ物」である。生きていれば友になれるし、死ねば、貴重な水資源と化す。死を無駄に悲しまない。自分のそれであろうと、他者のそれであろうと。

私は、この「哲学」が大いに気に入った。ときどき、人間関係が複雑に見えてしかたがないとき、私は、この哲学を持ち出す。

生物は半透膜で包まれた水の塊である、と考えてみるのだ。他のすべての機能は、この際、一切無視する。動く水の塊（動物）と、動かない水の塊（植物）とがあり、水はいずれかの生物の中に一時的に留まりはしても、大局的には、ただ通り過ぎるだけである。

生物を通り過ぎた水は、水蒸気となって風に乗り、無機質の大地をくぐり抜けて、やがてまた生物のからだに戻る。森羅万象とは、その繰り返しに過ぎない。何も増えない、何も減らない、壮大な水の循環である、と。

そうすると、他人のことばにからめとられて、心に立ったさざ波が、静かに消えるのだ。水の循環に比べたら、「突発的なことば」なんて、些末《さまつ》なことに過ぎないから。

齢六十を過ぎて、誰かのことばで、心にさざ波が立って苦しい、ということもなくなった。

年を重ねてきたことの、大いなる利点である。誰かが私に苦言を呈してくれたら、私は、その人を傷つけたことだけを案じる。自分を悲しむことはしない。私自身はもう、誰かの理想を生きることには興味がないから。自分を生きるのみ。ただ、「黒川伊保子」に触れて嫌な思いをした人のことだけは、どうにもかわいそうなので、気にはするけど。

だから、この世を「水の循環」で思うこともなくなった。

## 人間は、ことばで恋をする

先週末、映画「DUNE」(邦題「DUNE――砂の惑星」)が封切になった。

最初の書籍出版から、実に五十六年後である。

私の脳の中で、デューンと現実の境界線がゆらいだあの日からも、何十年も経っている。

ちなみに、一九八〇年代に、デヴィッド・リンチ監督が映像化しているが、私はその世界観を受け入れることができず、あれがデューンの映画だとは認めていない(あくまでも個人的な感想です)。つまり、私にとっては、〝はじめての映像化〟で、はち切れそうな期待と、裏切られたときに立ち直れるかどうかの不安を抱えて、ひとりで、映画館の階段を上った。

結論から言えば、期待以上だった。

私は、その映像と音に圧倒されて、思わず小さく唸《うな》ってしまった。こんなことってあるだろうか。想像をはるかに超えてなお、「想像通り」だなんて……!

小説が私の脳にもたらしたイメージが、はるかに美しく、はるかに壮大に、はるかに繊細に目の前のスクリーンに展開されていた。「確かに、私が生きたはずの世界」がそこにあった。映画の力。すごすぎる。

あのひとは、どこかでこの映画を見るのだろうか。

そして、あのひとは、私を思い出すのだろうか。

映画館の階段を下りながら、私は、甘い郷愁に浸った。その余韻は、極上のスイーツのように、私の脳を満たしてくれた。


結婚に至らない恋をすることに、意味があるのだろうか。

いわゆる「結ばれる」という帰結を見ない、祝福されない恋。互いに自制心が働けば、「愛している」もことばにしない恋。

生物学的には、生殖に至らない発情は、きっと意味がない。なのに、人間は恋をする。たった一つのことばで、深く深く結ばれて。

**ことばは未来をも紡ぐ**

私にとって、「あなたはベネ・ゲセリットなの？」は、跪《ひざまず》いてプロポーズされた以上に、深い契りのことばだった。

やがて長い時の果てに、そのことばが、二〇二一年の映画館の私に特別な感覚をくれた。ベネ・ゲセリットの目線で、映画の中にいる錯覚。

レディ・ジェシカは、男性禁制の掟を破って、息子に、その秘伝の技を伝授する。母と息子が、師と弟子の関係であり、共に巨悪と戦うのも、デューンのヒーローものとしては異色なところだが、私のことばの研究も、その深い真理を、若い世代では息子だけが理解して、研究を進化させてくれた。この世に唯一無二の後継者である。

あのひとを思い、息子を思い、私はきっと、世界で一番、この映画を堪能した女に違いない。

彼は、フェードアウトした後も、私の人生に「極上のスイーツ」のような時間をプレゼントし続けてくれている。彼が残したことばたちで。

**大切なひとにことばを残そう**

私は、人間に生まれて得したと思ったことがなかった。次に生まれてくるときは、イソマグロか、オオカミか、タカがいい、とずっと思っている。

でもね、ことばが時空を超えて私を慰撫してくれる、こういうとき。人間に生まれて面白かったなと思う。

私たちは、青に染まるような海を時速百キロで泳げやしない。大空を自らの翼で滑空したり、森を飛び回ったりはできない。でも、ことばを使って、時空を超える。他の動物に比べて身体はかなり不自由だけど、宇宙の果てまで行ける（何ならそこを超えようとしている）脳を持っている。素敵すぎない？

恋は、それを確かめるためにある。

人間と生まれて、よかったと思うために。物理学や哲学と同じように。

極上の恋は、極上の宇宙論に似ている。アルバート・アインシュタイン博士は、恋多きことで有名だったが、稀代の物理学者が恋することを楽しんだのは、きっと偶然じゃない。

結ばれない恋にも、ちゃんと目的と成果がある。

大切なひとに、ことばを残してあげること。彼女（彼）が、いつか、時空を超えて、あなたの真実に触れられるように。自分がここに生まれてきたことを祝福できるように。

いや、たとえ結ばれた恋であっても、いつか、大切なひとを、この地球に残して旅立つ日のために、人は、ことばを残さなきゃね。

そのために、私たちは、本を読み続け、美しいものに触れ続ける。

時空を超える翼＝ことばを手にするために。

# 贅沢な夢

私の大好きなひとの夢を見た。

何年ぶりだろうか。

彼は、気配と手触りだけで、私の布団の中にいた。顔も声もないのに、彼だとわかる夢。

目覚めたら、雨が降っていた。冬の冷たい雨。

ああ、と、私は思った。その昔、これが私の夢だったなぁ、と。——雨の朝、彼と朝寝坊すること。

彼の肌は、さらりとしていて、雨の日に触れると、ことさら気持ちよかった。皮膚の表面温度が、ちょっと低いのも好きだった。

私たちは、大雨の日に、交通手段を失って立ち往生し、はじめて一緒にご飯を食べた。あの日、大きな斜めの天窓に当たって、滝のように流れる雨を、ふたりで眺めてたっけ。

私は、このひとと、雨の朝を過ごしたい、と思った。時間を気にせずに、ただただ一緒にいるだけの雨の朝を。

贅沢な夢だった。

人生の最も多忙な年代に出逢って、日常を共にしていないふたりには、不可能なことだったから。それでも、私は、のちに一度だけ、その夢を彼に話した。

私の大好きなひとは、「ふたりでいるときに、奇跡的に、冷たい雨が降ったらいいね」と優しく笑った。

私は、「奇跡的に冷たい雨が降っても、私たちに朝寝坊は許されないでしょうに」と答えた。

それだけの話。

その夢を、夢で見た。

その会話から二十年近く経った、冬の朝に。

## 脳の新たなステージ

あまりにも優しい夢だったので、私は、彼に何かあったのだろうか、と思った。せめて、魂だけでも飛んで行って、私の夢を叶えてやろうとしたのか、と。フェードアウトしたくせに、そう思わせるだけの慈しみ深さが彼にはあったから。

私が驚いたのは、「彼に何かあったのだろうか」という仮説に、私自身が一片の悲しみも寂しさも感じなかったことだ。

彼のことをどうでもいいと思ったわけじゃない。彼が、私の脳に残してくれたものが確かすぎて、肉体の存在を超えた感じ、と言えばいいだろうか。

それにしても、触感と気配だけの夢って、よくあることなのだろうか。ここまでかたちをなさない夢は、私には初めてだった。

私の脳が新たなステージに入ったってこと？

**物忘れは憂えなくていい**

四十も半ばを過ぎたころだったか、物忘れを自覚するようになって、ほんの少しだけ不安になった。

そんなある日、師事していた言語学の先生に、その不安を打ち明けたときのこと。

齢八十にならんとするその先生は、こうおっしゃった。「あなたが忘れるのは、まだ固有名詞だろう？　固有名詞なんて、たいしたことはない」

「そのうち、あなたがもう四十年も生きると」と師は続けた。「普通名詞を忘れるようになる。普通名詞を忘れるとね、ものの存在価値もわからなくなるんだ。たとえば、しゃもじを見て、これなんて言うんだっけ？　と思ったとたん、それが何に使われるものだったかも闇に失せて思い出せなくなる」

私の脳裏に、しゃもじがさらさらと砂のように流れて虚空に消えるイメージが浮かんだ。認識できるものが消えていく。「それは恐ろしいことですね」と怯《おび》えた私を、師は笑った。

「大丈夫。余計なものから、消えていくから。しゃもじがわからなくなるころには、自分でごはんをついじゃいないからね。逆に言えば、ごはんをついでいるうちは忘れないわけだ」

脳は、要らないものから忘れる。なるほど。

普通名詞でさえそうなんだから、固有名詞を忘れるくらい、ほんと、なんでもない。アンジェリーナ・ジョリーの名前が出てこなくたって、確かに人生に別状はないものね。「女優」という普通名詞を忘れるのは悲しい気がするけど……でも、そのころには、映画を観たいとも思わないのに違いない。

私は、その日以来、物忘れを憂えることをやめた。脳の認知範囲が狭まるのならば（しかも「今生きる」のに要らないものから消えるのならば）、脳は選択肢が少なくなるので、答えを出すのが速くなる。勘の働く、頼もしい脳に変わるってことでしょう？

つまり、脳が成熟したって言い換えてもいいわけだもの。

## 心が解き放たれてゆく瞬間

今のところ、普通名詞は忘れていない（と思う）。忘れたってかまわないのだけど、脳とことばの研究をしている以上、それを体験してみたいと思っている。それを自覚できる時間（名称が消えて用途がわからなくなってから、もの自体を認知しなくなるまでのタイムラグ）があるかどうかが疑問だけど。

ただ、どうも、そのタイムラグはほとんどないみたい。自覚するのは難しそうである。

実は、ほんの数日前、私は九十歳の母のそれを目撃したのだ。

病院の診察室で、看護師さんから体温計を差し出された母が、「これ何？　何ていうの？　何するもの？」と立て続けに尋ねたのである。

母は、バイタル計測フリークで、体温と血圧を日に何度も測っていたし、数値もとても気にするほうだった。熱でもあろうものなら大騒ぎで、大病の名前をいくつも挙げては落ち込む。

にもかかわらず、その日、母は検温結果に興味を示さなかった。微熱があって、お医者様が心配している傍らで、本来なら大騒ぎするはずの母が涼しい顔をしている。

ああ、これが、言語学の師が教えてくれた「普通名詞を忘れる」ということなのか、と、私は胸を衝《つ》かれた。母は確かに、「これ何ていうの?」と言った。「これ、何?」ではなく。ことばが先に消えたのである。「これ」を指さした瞬間には、用途を知っていたのに、その直後にはそれも消えてしまった。

忘れたことを知覚していられる時間はとても短い。ほんの一瞬で、母は、この世に体温計があることも、「熱がある」という概念があることも忘れてしまった。私もいつか、そうやって何かを見失っていくのだろう。

でも、それでいいとも思った。母は「熱があるから、検査しましょう」と言われても、特に不安がることもなく、検査フロアに消えた。母は、憂いを一つ、捨てたのである。拘《こだわ》りから自由になった、と言ってもいい。

普通名詞が消えるのも悪くない。

そんな母が、検査フロアに消える前に、「あんたは、家に帰って寝てなさい。疲れてるのに、こんなところにいなくていいの」と、私を振り返った。

子育て真っ最中のころ、実家に帰ったとたんに「お母さん、お願い、三十分だけ寝かせて」と言って、死んだように寝ていた私を、母は忘れないのだろう。体温計を忘れてしまっても。

「お母さん」と私は思わず呼んでしまった。母に支えられてここまで来た。母にいのちをもらって、母のかいなに抱かれて。なのに、もう何もしてやれない。母の恩に報いきれない。そんな思いに、途方に暮れながら。

**脳はきっと死に優しい**

母は、最近、幼児のように無垢でかわいい。

で、私は気づいたのである。人は、来た道を帰るのだなぁと。

脳は覚えた逆順からことばを忘れ、やがて、母親の肌のぬくもりだけを頼りに生きていたあの時間に戻って、あの世に帰っていくのである。

それが、たぶん、一番幸せな脳の閉じ方なのに違いない。

母は今、幼児《おさなご》が何度も同じ話をせがむように、同じ話を繰り返す。孫息子のおよめちゃんの名前を何度も聞いてくるのである。

母「ゆうちゃんのおよめさん、なんて言ったっけ」
私「あいちゃんよ」
母「あー、あいちゃん、かわいい名前だね。どこの出身？」
私「熊本」
母「熊本⁉　私と同じ九州なのね。嬉しい！　私は、娘時代に、踊りの修業で熊本で暮らしたことがあるのよ。ああ、懐かしい」

およめちゃんが熊本出身なのが嬉しすぎて大騒ぎするので、母はおよめちゃんの名前をすっかり忘れるのだ。で、この話を繰り返すのである。
かつて、幼い息子が、何度も同じ絵本をせがんだとき、私は、何度も同じ結末を楽しんだ。息子が目を真ん丸にするのがかわいくて。
今は、母の話に何度も微笑む。母が笑うのが嬉しくて。

思ったより早く、母は来た道を帰りつつある。この世の初めに、母親の肌の温もりだけを頼りに生きていた時間。同じ場所へ、母が向かおうとしている。

ほどなくやってくるそのとき、本当は、母の手を握っていてあげたいのに、コロナ禍がそれを許してくれない。

せめて、もう少し。もう少しだけ、急がないでいてほしい……そんな切なさの中にいたのだけれど、今朝の夢が、私を少しだけ楽にしてくれた。

触感だけの夢は、とてもリアルだった。朝のひととき、私は確かに、彼に寄り添って、同じタイミングで呼吸をしながら、雨の音を聞いていた。脳の深層にある感性の記憶は、こうまでリアルなのだなと実感した。

母もきっと、同様に、リアルな触感の夢を見るのに違いない。おそらく母自身の母の胸に抱かれた日の記憶を使って。あるいは、母の脳の深層に棲む、誰かのかいなに抱かれて。

別れが近づいている大切なひとを、抱きしめたくてもそれが叶わない、十分にしてやれないと胸を痛めている読者の方がいたら、少しだけ、肩の荷をおろしてほしい。脳は、きっと、死に優しい。特に、老いという生命のプログラムにのっとって逝く人たちには。

### 本当の別れ

私の大好きなひとの脳の中から、私はどのタイミングで消えていくのだろう。最後の瞬間、あのひとは、いったい私の何を思うのだろうか。

——声？

「あなたの声は独特だよね。まったりして」と、誉めてるのかけなしてるのかわからない口を利いていたから。

「最後の私」が、あのひとの脳に、どうか極上の安寧をもたらしますように。

そうすれば、思い出せなくなった瞬間、彼はきっと虚空をつかむような、せつない気持ちになるに違いないから。

最後にほんの少しくらい、私のために胸を痛めてくれてもいいでしょう？

それとも、もう、忘れているかしら。

忘れる瞬間のわずかな焦燥もないほどの、ささやかな記憶として。

まぁ、それもそれ。あのひとの心にわずかなさざ波も立てずに去ることができたのなら、「大人の恋」的には点数が高い気がする。

# 女の最終兵器

「私のどこが好き？」

いつだったか、私の大好きなひとに、そう尋ねた。

「黙っていられるところ」

しばらく考えて、そう彼は答えた。

はぁ？　と、心の中で、声を上げてしまった。続く「なに、それ」は、口に出してしまったと思う。彼が、愉快そうに笑ったから。

はぐらかされた気がして、少し悲しかった。私たちが、真正面から愛し合える縁でないことを、突きつけられた気がして……。たぶん、それが顔に出たのだろう。彼は、少しあわてて、「それって、なかなかないことなんだよ」と、私の顔を覗き込んだ。

そう、今なら、それが最高の誉めことばだったとわかる。男性脳は、安寧な沈黙が大好物だから。女性脳が、共感に満ちたおしゃべりを好むように。

## 男が無口なのは気を許しているから

恋をしていると、誰よりも彼のことを知っていたくなる。彼の日常のささやかな出来事を、彼の側近の女の子から聞かされたりすると、胸がざわつくような気になる。自分よりも、その女の子に気を許しているような気がして。でも、それは逆。気を許しているから、しゃべらないのである。

そんな男性脳の癖を知らないと、女は疑心暗鬼になって自滅することになってしまう。せっかくの彼の信頼を、疑念に換えてしまうなんて、もったいなさすぎる。

女性は、恋をする前に、このことをしっかりマスターしておいたほうがいい。男性も、しっかり読んでおくといい。愛しい人が、勝手に疑心暗鬼になって、苦しさのあまり恋を捨ててしまうのを防ぐために。

**女はおしゃべりで生存可能性を上げる**

女性脳は、おしゃべりで満たされる。正確に言えば、共感に満ちたとりとめのないおしゃべりで。なぜならば、何万年も、それで生存可能性を上げてきたからだ。

一方で、男性脳は、沈黙で癒される。こちらも、何万年も、それで生存可能性を上げてきたからだ。

私は、四十年近く人間の感性を研究している。ヒトの脳を装置として見立て（そもそも脳は電気系の回路なので見立てやすい）、その機能性を人工知能にもわかるようにモデル化してやるのが、私の使命である。

**脳は生存と生殖のために機能する**

この研究をしていると、ヒトの脳が、いかに生存と生殖のために機能しているかがよくわかる。

たとえば、利き手があるのも、生存可能性を上げるためだ。

何かにつまずいて転ぶ瞬間、とっさに出す手が決まっていなければ、脳は選択演算をする必要がある。どちらの手を出したほうが有利かを「思考」する必要が。それではとうてい地球の重力加速度に勝てやしない。

身体の真ん中に飛んできた石も避けられない。条件が拮抗していると（右とも言えず左とも言えない）、どっちに避けるべきかの選択演算に時間がかかってしまうからだ。

このため、脳はあらかじめ、どっちの半身を優先するか決めているのである。一瞬の迷いもなく選択する側。それが利き手だ。

逆に言えば、利き手がなければ、生存可能性が著しく低い。その証拠に、利き手がない人類なんていない。私のように、利き手の逆側を使うように育てられて、ときどき混乱する人はいても。

余談だけれど、私は生来左利きなのに、右利きで育った。強制されたわけではなく、右手に渡された箸や鉛筆を、素直に使って育ったのである。箸や鉛筆はふつうに使うが、利き手と利き足が揃わないので、ボールを投げても蹴っても、まっすぐ飛ばない。

走り高跳びは、踏切足が混乱して踏み切れず、バーを抱えて走り抜けてしまうことが度々あった。いわゆる運動音痴である。

一方で、ダンスやスキーは、かなり得意だった。才能があると言われたし、そう自覚もしていた。左右対称で、自分の身体の中でバランスを自己完結させるスポーツなら、利き手と利き足が違っていても、自分の中で帳尻が合わせられるから。というより、もしかすると、そのほうが有利なのかもしれない。利き手と利き足が揃っているより、バランスをとりやすいのかも。

**くよくよすることだって大切な力**

利き手があること一つとっても、脳には、確固たる理由がある。

この研究をしていると、脳には、まったく無駄がないのがわかる。

後ろ向きでくよくよすることにだって、意味がある。現代社会では、後ろ向きでくよくよする人は、ダメ人間ってことになっている。ポジティブに生きられるように指導されちゃうでしょう?　けど、本当にそうなのだろうか。

たとえば、集落が襲撃されたとき、「勝利を信じて、果敢に戦う」人間と「別天地を夢見て旅立つ」人間だけでいいの？　どちらもポジティブだが、全滅の可能性を含んだ極端な選択である。後ろ向きでくよくよする人間が、隠れ住んだり、敵に迎合したりして生き延びて、遺伝子をつなぐこともあるのでは？

私は、くよくよする人に出逢っても、まったくネガティブに思わない。くよくよすることで生き延びてきた者たちの末裔《まつえい》なんだなぁと思うから。その逡巡の中に、リスクヘッジがあったり、案外ビジネスの新発見があったりするし。ご本人が、そこから抜け出したいというのなら、それなりに策はあるのだけれど（それは別の本で語ろう）。

## 女が不幸を言いふらす理由

男たちが「無駄話」と一蹴する女たちのおしゃべりにも、生存と生殖の大いなる秘密がある。

多くの女性は、自分に起こった不幸な出来事を、友達に話さずにはいられない。たとえば、子どもに火傷させそうになった翌日、公園でママ友に会えば、感情たっぷりに盛大に言いふらす。「この子が、鍋に手を突っ込みそうになったの。怖かった〜。急につかまり立ちしようとするんだもの」と。

脳は、感情をきっかけに記憶を想起すると、ある程度リアルに再体験することになる。このため、この「感情たっぷりの言いふらし」は、たった一度の体験を脳で増幅させ、二度と同じ失敗を繰り返さないように脳をセンスアップさせている行為に他ならない。そう、危険回避能力を上げるための、脳のエクササイズなのだ。

一方、聞く側にも大きな利がある。この話に共感すれば、疑似体験になるからだ。脳の中で、感情と「他者の体験情報」が結びつくと、脳は、まるで自分が体験したかのように感じることになる。つまり、自分の子どもに実際の危険が及んだわけでもないのに、二度とそんなことが起きないように脳を書き換えることができるのである。しかも、感情と共にしまった記憶は、何年経っても、みずみずしく引き出すことができる。

ママ友の鍋火傷未遂事件に「うわっ、怖い」と共感した女性は、今後の人生で、食卓に熱い鍋を出すときには、わが子を確認しないではいられない。その子が三十歳になろうとも、いやいや六十歳になっても。

　まぁ、だから、大人になった子どもたちにとって、母はいつでも「要らんこと言い」なのだろう。わが実家でも、還暦過ぎの弟に、介護されている母が「熱いから気をつけなさい」なんて声をかけるので、弟が苛立つ。「余計なこと言ってないで、さっさと食べなよ。自分のことも満足にできないくせに」なんて。私自身は、かつて幼い末っ子に母がどれだけ心をかけていたのかを思って胸が熱くなるばかりだけど、日ごろずっと一緒にいる弟にしてみたら、そうも言っていられないのだろう。

**この世に「無駄話」というものはない**

「自分に起こった不幸」を感情たっぷりに蒸し返す女性たち。これは、何万年も子育てを完遂させてきた人類の女性たちに、自然に備わった素養である。

　男たちは、これを、「言ってもしょうがないことを言う」と評したり、「もう終わったことを、グズグズ言うな」と一刀両断にしたりする。けどね、何人《なんぴと》たりとも、この脳の癖なしには無事に生き延びてこれなかったはず。子どもを育てた母たちには、誰にでも、「ぞっとする」記憶があるもの。子育ては、実際にしてみると、ひやりとするような危険と常に隣り合わせなのである。

そう考えると、要らんことを言う老母に、少しは優しくなれないだろうか。


さて、女たちは、こうして何万年も「共感しあうおしゃべり」で生存可能性を上げてきたので、女性脳のおしゃべりに対する好感度は、最大設定になっている。

不安を感じれば、誰かとしゃべりたい。悲しければ、誰かとしゃべりたい。嬉しいことがあれば、もっとしゃべりたい。結論なんて出なくたっていい。ただ熱心に話を聞いてくれて、みずみずしく共感してくれさえすれば最高なのである。

その思いがあまりに強いので、女たちは、男もそうなのだろうと思い込む。サービス精神で、降るように自分の話をし、相手の話も聞きたがる。まさか、男たちが、「どうでもいいことをべらべらしゃべり、こちらのことを根掘り葉掘り詮索してくる」なんて、思っているとも知らずに。

「仕事に悩みがあるらしい」恋人に、話を聞いてあげようと試みるのも、実は、裏目に出るばかりなのである。

　なぜなら、男たちは真逆のセンスの持ち主だから。沈黙で生存可能性を上げてきたからだ。

**男はただ黙っていたい**

　男たちは、何万年も、狩りや縄張り争いをしてきた。

　森を行くとき、人は寡黙になる。水や風の音の微《かす》かな変化で、先の地形の展開を知るからだ。崖があること、川が蛇行していること……もちろん、獣の気配を聞き逃すわけにはいかない。

　耳を澄まし、視界はできるだけ広い空間を一気にサーチすることに使う。そういう脳の使い方をすると、おしゃべりに使う神経回路数は最低限に抑えられる。実際、男性脳の「おしゃべりに使うワーク領域」は、女性脳の数十分の一なのだそうだ。

　このため、男性脳では、「安寧な沈黙」への好感度が最大設定になっており、とりとめのないおしゃべりには強いストレスを感じる。ストレスがあるとき、女性はただしゃべりたいが、男性はただ黙っていたいのである。

愛しいひとの隣で、優しい沈黙を与えてもらうこと。男性脳にとって、それ以上の安寧はないはずである。男性脳の神経回路特性データから勘案するならば。

冒頭の「私のどこが好き?」に「黙っていられるところ」という回答は、真実、極上の答えだったのである。

## 女は沈黙を楽しむ余裕を持とう

暮らしを共にせず、生殖に関わらないふたりには、沈黙を楽しむ余裕がある。

恋をして、結ばれて、子どもを産んで育てる。そんな王道の恋は、やがて、過酷な生存戦略に巻き込まれる。

子どもを無事育て上げるために、妻は夫の資源を極限までに搾取しようとする。時間、お金、気持ち、手間のすべてを捧げてもらっても、まだ足りないと脳が思い込んでしまうのである。よほど気をつけないと、夫に対する感謝のことばが消え、ねぎらいのことばが消え、いたわりのことばが消えていく。代わりに、ストレス解消のための、とりとめのないおしゃべりが怒濤のように夫を襲う。しかしながら、元来おしゃべりが苦手な男性脳が、うまく共感できるわけもなく、妻は、話せば話すほど孤独になっていく。

それをなんとか乗り越えて、子どもを育て上げても、家を回すためには、連絡事項もけっこうある。そんなふたりに、沈黙を楽しむ余裕なんて、なかなかやってこない。

一方、王道の恋を許されなかったふたりには、「沈黙を楽しむ」余裕がある。レストランで、次の皿を待つ間に、「車の保険、払った？」なんて確認しなくていいし、「こないだネクタイにしみがついてたわよ。気をつけて」なんて注意しなくてもいい。窓の外にひらりと舞った枯れ葉に目を留めて、ふたりして、しばし街路樹を眺めていてもいいのだもの。

——だから。大人の恋なのに、彼のことを根掘り葉掘り聞きだして、日常に関与したがるなんて野暮なこと、やめておけばいい。安寧な沈黙をあげればあげるほど、手放せない女になれるのだから。

傍らにいるひとに「安寧な沈黙」をもたらすためには、ちょっとだけコツがいる。

ただ黙っているだけじゃだめなのだ。まずは、せかせか動かないこと。先へ先へ動いたり、甲斐甲斐しく、何かをしてあげようとしないこと。彼よりも、少し遅れて、おっとりと動く必要がある。

次に、彼以外のことに好奇心を働かせて、「なんだか嬉しそう」にしていること。窓の外の風景に気を取られたり、レストランのしつらえや、バーの雰囲気を楽しんだりして。食事やお酒も、ゆっくり楽しんであげて。

もちろん、王道の恋でそれができたら、うんと素敵だ。「黙っていられる」女になる。穏やかに、嬉しそうに傍にいてあげる。

容姿が衰えても、「安寧な沈黙」をあげることはできる。そう考えると、これは、女の最終兵器なのかも。

**男は彼女だけが知る秘密を作ろう**

そうそう、男性のほうにもアドバイスがある。

彼女に、プライベートな秘密を明かすといい。誰も知らない、彼女だけが知っている秘密を作るのである。

本当にささいなことでいい。「実はビールはぬるいほうが好き」「甘いものは嫌いだけど、深夜のコーヒーにだけは砂糖を入れる」「爪の長い女性にはぞっとする」「キャビアやトビコみたいな小さなプチプチには鳥肌が立つ」などなど、仕事仲間にはあえて口にしないようなことを口にするだけでいい。好みを一つ、弱点を一つ。

他の人が知らないことを知っている余裕が、彼女を疑心暗鬼から救ってくれることがある。

# 大人の条件

先日、女友達が、八十代の母親の悪意ある曲解にため息をついていた。

母親が、タンスから出してきたセーターを眺めながら「派手よね」と言ったので、「そんなことないわよ。お母さん、色白だから、何でも着こなせるもの」と答えた。なのに、後日、母親が「あなたは、私に、年寄なんだから、セーターの色なんてどうでもいい、って言ったわよね」とからんできたという。

昔から、何でも悪意にとって、言ってもいないことを言ったと騒ぐ。私がそんなことを言う娘だと思っているのかと思うと、それが情けなくて、本当に母が嫌になる……彼女は、顔をゆがめて、深くため息をついた。彼女は、実の母親と同居していて、最近少し鬱気味なのだ。

世の中のあらゆることを悪意の鏡に映す。そんな母親と暮らすこと以上の不幸があるだろうか。はるか昔、少女のころに読んだ絵本に、「しゃべるたびに、口からがれきやヘビが零れ落ちるお姫様と、バラや宝石が零れ落ちるお姫様の話」があったけど、まさに、がれき姫である。まぁ、日本の母たちには、多かれ少なかれその傾向はあるけれど、彼女の母は、少し度が過ぎる。

彼女は、「大人になる、って、どういうことなのかしら」と首を傾げた。

――こんなとき、どうしたらいいのか途方に暮れる。母は、DVの激しかった父に苦労した、本当にかわいそうな人なのに、どうしても優しくしてやれない。大人にならなきゃと思うのに、どうしたってなれない。

彼女がかわいそうすぎて、私も、一緒に途方に暮れてしまった。大人になるって、どういうことなんだろうね、と。

**女は「そうじゃない」と言ってほしくて、からむ**

その晩、私は答えを見つけた。大人になる、ってことの回答。

布団の中で、私はまず、自分の母が、彼女の母と同じセリフを言ったシーンを想像してみた。自分なら、どうするのだろうかと。

で、わかった。私なら、「お母さん、なに言ってるの。全然違うでしょう～（笑）。お母さんが色白だから、何でも似合うって話よ」と言ってあげる。

だって、私の母がこんなふうにからむとしたら、それは、「色白だから、何でも似合う」をもう一度、言ってほしいからだ。娘の心根を蔑んでいるわけじゃなくて、〝おねだり〟なのである。

私自身にだって、心当たりがある。

「あなたは、私のことなんて、どうでもいいって言った」と恋人にからむ。彼は優しい顔で「そんなこと言ってない。どうでもいいって言ったのは、メニューのことだよ。あなたがどうでもいいわけがない」と言ってくれる。

あなたがどうでもいいわけがない。私は、その〝飴玉〟が欲しくて、彼にからむのだ。私の大好きだったひとは、この私のいちゃもんを、ちゃんとおねだりだと知っていた。だから、あわてず騒がず、優しく対処してくれた。私が、そのあと、とろけそうな気持ちになるのを知っていて。

彼は、大人だった。

男性の中には、こういうとき、苛立って、反撃してくる人もいる。それこそ、冒頭の女友達のように、「自分の心根を疑われた感じで不快」なのだろう。私に言わせれば、まだ子ども（微笑）。

愛しいひとに攻撃されたとき、それがおねだりに聞こえたら、それが大人になった証拠なのではないだろうか。

大人の男と恋をするのは、だから、うんと素敵。

## 女のいちゃもんは、「おねだり」に翻訳する

もしも、愛しい人の理不尽ないちゃもんに手を焼いているのなら、それをおねだりだと思ってみてはいかが？

否定してもらえると知っていて、飴玉を楽しむように否定文を楽しむのだと。

女は、小学生のうちからこれをやる。「私ってダメだから」「私はキレイじゃないか

ら」は、「全然ダメじゃないよ」「え～、こんなにきれいな目をしてるのに！」と言ってもらうことが想定内の遊びなのである。

ちなみに、自閉症スペクトラムで、人間関係の機微に疎かった私は、こういうとき「確かにダメだけど、ここ直してがんばれば大丈夫だよ」とか励まして、友達から嫌われていた（苦笑）。

なので、多くの男性たちがそれをしてしまう気持ちは本当によくわかるのだが、いちゃもんはおねだり、を知っておくと、大人の恋がうんと甘くなる。覚えておいてほしい。

いやいや、自分の彼女のあれは本物の怒りで、おねだりなんかじゃない、というあなた。

たとえ、彼女の言いがかりが、本当に攻撃だったとしても、「そんなことあるわけない」は、彼女の心の氷を解かすきっかけにはなる。

いずれにせよ、反撃したら泥仕合になる。できることは、この一つだけ。だとしたら、おねだりだと思ってしまえばいいじゃない？　そのほうが、こっちの心が安寧になるし、その安寧さが伝わって、彼女は、思わぬ飴玉をもらって、ほっこりするかもしれない。

反撃しても、何の利もない。だとしたら、少しでも、氷を解かしてあげればいい。

### 三十過ぎると思っている以上に迫力がある

大人の女性にも、アドバイスがある。

「違うと言ってほしくて、からむ」が、「おねだり」に見えるのは、少女のうちだけ。せいぜい十五歳までだ。二十代は、ぎりぎり恋のアクセントに使えるが、三十過ぎてこれをすると、冒頭の母親と大差ない、悪意のある曲解＝威嚇にしか見えない。

おねだりのつもりなら、目が笑っていなきゃね。新垣結衣さんのような、世の中をちょっと面白がっているようなお茶目な瞳でどうぞ。大人の女には、からかうようなトーンで言う「あなたは、どうだっていいって言った」だけが許される。

悲しいことに、脳は、自分が変化していることに気づかない。本人は、少女のままのつもりでいるのに、周囲からすれば十分に迫力が出てしまっているのである。同じセリフを言っても、あるときまでは優しくしてもらえたのに、いつしか、相手にうんざりされたり、反撃されるようになる。

人は年齢を重ねることによって迫力が出てくる。理由は、脳の判断速度が速くなり、それが周囲に伝わるからだ。肌や体型などの見た目の問題じゃない。

二十八歳を過ぎると、脳はとっさの判断力を高めるモードに入る。脳神経回路が洗練され、判断するスピードが上がり、単位時間に判断できる事象の量が圧倒的に多くなるのである。このため、眼力が強くなり、ことばにも潔さが出て、揺るがない感じが漂ってくる。「人間のプロ」＝大人になってきたのが、周囲にもわかるのだ。

私自身は、三十一歳のとき、会社のリーダーシップ研修で、ビジネスコンサルタントにこう指摘された。「あなたは、自分の発言の影響力を、低く見積もりすぎている。あなたが、無邪気に『いいね』とか『ダメ』と言っているセリフは、部下の心に意外に深く刺さっているんです。三十過ぎたら、少女のころのような口を利いてはいけない」

## 女性の年齢は口の利き方でわかる

実は、その少し前に、男性部下が一人メンタルダウンしてしまっていた。企業看護師によれば、原因は、上司である私だという。私は、よく部下を褒めるリーダーだったのだが、彼を褒めたことがなかったのだ。彼が劣っていたわけじゃない。逆に優秀でそつなく仕事をこなすので、うっかり声をかけ忘れていたのである。私が褒めるタイミングは、「努力して向上した結果」が主だったから。

褒めることも慎重に、と、コンサルタントは教えてくれた。上司の「いいね」は、意外に重い。褒められた人はいいが、褒められない人にとっては、傷になることもある。しかも、褒められない人のほうが、ずっと優秀な成果を挙げている場合は特に。存在を無視された感じがするから、と。

ある心理学の専門家は、「女性の年齢は、肌ではなく、言い切りの潔さでわかる」と言った。二十代のうちは、ものごとに白黒をつけるとき、「これは白です（ですよね？　だと思うんだけど）」という感じが漂う。三十歳を超えると、「これは白です」になり、四十歳を超えると「これは白です（決まってるでしょ）」になり、五十過ぎると、

「それは黒ですよ」と指摘されても「白で悪いの？（なにか？）」という迫力がある、と。

本人の感覚は、十四歳のときと変わらないのに、脳は確実に「人間のプロ」として完成していくのである。

本人は鳩のつもりで、公園に舞い降りて、餌をねだっているのだけど、周囲には鷹に見えている……という事態。冷や汗ものでしょう？　女は、三十過ぎたら、多かれ少なかれ、そうであることを意識したほうがいい。

迫力のある「私のこと、どうだっていいと思ってるんでしょ」が重荷になって、大人の恋が弾け飛ぶこともある。大人の恋は、恋人を最優先できるわけじゃない。そんなふうに責められたら、「これ以上、どうにもしてやれない」と絶望して、去ってしまうことだって十分にありうる。

## チューインガムの恋、飴玉の恋

私の大好きな女友達が、こんなことを言った。「若いときの恋は、チューインガムに似ている。くちゃくちゃ噛みしめて、味がなくなったら捨てる。大人の恋は、飴玉。

ゆっくり舐めて楽しむものだから」

言いえて妙でしょう？

がりっと噛んではいけないのである。迫力のある「おねだり」が、それになりうるので、どうか気をつけて。

大人の恋は、飴玉のよう。時に舌の上でころっと転がして、その存在感と甘さを楽しむ。ゆっくりと小さくなって、やがて余韻を残してフェードアウトする。人生の飴玉を一つ、お楽しみなさいませ。

# 第二部

# 恋の情景

# 第二部をはじめるにあたって

ここに掲載するのは、私が四十歳になったころに紡いだ文章である。オリジナルは、朝日新聞出版の広報誌「一冊の本」に二〇〇〇年秋から二年にわたって連載された「感じることば」というエッセイ。それを、筑摩書房が単行本に編んでくださり、やがて河出書房新社が文庫本にしてくださった。なので、私の愛読者の中には、この文章にすでに触れている方もいらっしゃると思う。

なのに、あえてこの文章を、ここに甦らせるのには意味がある。

この文章は、「他人《ひと》に言えない思い」を持て余した私が、私自身の脳の中に作り出した「幻想の恋」なのである。

この文章の中で交わされた会話は、すべて実存の会話。私は、嘘は書けない。ただ、そのセリフの多くは、このエッセイで描かれたような官能的な意味合いで囁《ささや》かれたものじゃない。

この会話の多くを担当してくれた男友達は、とても哲学的であいまいなことば遣いをするひとで、それを私が、勝手に官能的に受け止めて、文章にしたためた。

毎月、彼のところに掲載誌が届けられる。私からの唯一のラブレターとして。彼は、なにかのときに、甘やかな笑顔で、少しだけ、からかうような感想を言う。「あのことばをそう取るとは、さすが〝黒川伊保子〟だな。なんでも官能に換えてしまう魔女だね」と。

だけど、あるとき、彼のキャビネットの中に、掲載誌がすべて、一冊も欠けることなく保存されているのを見てしまった。私たちに「男と女としてのゴール」はなかったけど、その答えだけで十分だった。今思えば、彼は、私にそれをわざと見せてくれたのだと思う。

長い長い人生の中に、そんな年月があった。胸が痛いくらいに、誰かを好きになり、かといって、他の誰かを嫌いになるわけじゃない。今ある責任を、恋のために手放すわけにはいかなかったけど、その思いを昇華してやりたかった。この後の人生を生きる自分のために。

私たちの間で交わされた会話の記録。苦くて酸っぱいフルーツを、山盛りの砂糖でジャムにするような手法で。オレンジの皮じゃなく、マーマレード。まったく違うものだけど、案外、「オレンジの本質」を浮き彫りにすることがある。いつだったか、彼は、「あなたの文章のほうが、真実に近いときもある」と呟いた。「どれ?」と私が尋ねたけど、決して答えてくれなかった。答えないのは正解である。思いっきりポジティブな私は、一番官能的な一章を勝手に答えにして、満ち足りた気持ちになれたから。

本当のところ、彼の答えは、きっと、一番控えめなやつに違いない。私が抱いたのは幻想に過ぎないのかもしれない。けれど、それがなにか?

「結論を出さない大人の恋」は、互いにどれだけ幻想を見られるかがミソなのである。

そして、飴玉がとけてなくなるように、甘やかな余韻を残してフェードアウトしていくことが。

第一部は、そこからとっくに抜け出した六十二歳の私の、〝対岸〟からのアドバイスだけど、第二部は、四十歳の私が、苦しみながら昇華させた思いの記録である。これを、どうしてもセットで読んでいただきたかった。

目標の持てない恋に苦しむあなたに。

恋とは何か、すっかり忘れてしまったあなたに。

結婚して子をなすという王道の恋は、人生でそう何度も楽しめない。普通は一回。けれど、ヒトの脳は、ときどき、それ以外の恋を拾ってしまう。それをどう昇華させて、フェードアウトさせるか。それが、「人間のプロ」＝大人の道だと思う。

とはいえ、つらいよね？　だから、この本をあげる。

――それでは、胸の痛みを慈しむ旅に、もう少し、おつきあいください。

# 思いの科学

星の降る夜の散歩は楽しい。なので、つい、散歩のお供に言わずもがなの質問をしてしまう。

「あなたも楽しい？」

真夜中に手をつないでそぞろ歩きしている相手からこう聞かれて、大人の男にYES以外の答えようがあるわけがない。知ってはいても聞いてしまうのが私の弱点だ。

けれどその晩、彼の答えはちょっと違っていて素敵だった。

「うん、楽しいよ。そして嬉しい」

## 「楽しい」と「嬉しい」の違い

「楽しい」と「嬉しい」は、意味的にはよく似ている。旺文社の『国語総合新辞典』によれば、「楽しい」は「喜びに満ちて心が明るく浮き浮きするさま」、「嬉しい」は「喜ばしい、楽しい」とある。ほとんど違いがない。

けれど、この二つのことばを、私たちは日常、微妙に区別して使っている。恋人に逢えたのは嬉しくて、友人と会うのは楽しい。願いが叶うのは嬉しくて、夢を実現させるのは楽しい。私が自然に使うこれらの組み合せが、あなたにもきっとしっくりくるはずだ。

とはいうものの、どうやって区別しているの？　と改めて聞かれると、説明するのは意外に難しい。

実は、この二つのことば、ウレシイとタノシイは、まったく違う表情を持ったことばだ。発音体感をひもといてみると、私たちの使い分けの理由が見えてくる。

発音の体感、すなわち、音韻を発音するときの筋肉の動きは、無意識の領域である小脳を経由して、右脳にイメージを創り上げる。左脳が牛耳《ぎゅうじ》る意味処理とは全く別の経路で。つまり、私たちの脳は、ことばの意味を解釈するその陰で、潜在意識の中に、音韻の情緒的イメージを確立しているのである。いわゆる語感である。

その発音体感にのっとって、二つのことばを比較してみよう。

**ウレシイは思いの長さを伝えることば**

ウレシイは、口腔に、内向する力を創り出す母音ウで始まることば。ウを発音するとき、私たちは、舌にくぼみをつくるようにして奥へ引く。このため、ウには、受け止めるイメージ、あるいは内向するイメージがある。

さらに、先頭音に使われるウには、発音の口腔形を作ってから、実際に音が発生するまでに時間がかかるという特徴がある。このため、先頭にウがくることばには、「長く抱く、内向して熟成させる」イメージがある。すなわち、先頭のウには、思いの時間があるのである。

だから、ウレシイもウラメシイも、「ずっと思っていたこと」に由来した気持ちの表明によく似合う。妻が夫をウチノヒトと呼ぶようになるまでにいくばくかの時間が必要なのも、ウの時間パワーのせいだ。

二音目のレは、舌を広くして、ひらりと翻す。まるで宝塚のレビューのように、何かを華やかにお披露目するイメージだ。

続くシは、光と風を感じさせる。舌の上を滑り出た息が、前歯の裏側で擦られて、放射線状に広がるから。最後のイは、舌に前向きの強い力を加えて、前向きの意志を感じさせる母音。語尾に使うと、「差し出す感じ」「押し出す感じ」を添える。

こうして、ウレシイの発音体感は、「私の心にずっと抱いていたものを誇らしげに披露する」というイメージを創り出す。ウレシイと言われた側も、その発音体感を無意識のうちに想起して、その語感に照らされる。だから、「あなたとの時間が嬉しい」というのは、この上ない愛のことばなのである。

## タノシイはまとめのことば

さぁ、一方の、タノシイのほう。

先頭音のタは、舌に息を孕《はら》んで、一気に弾き出す音だ。音の発生直前、舌が息を孕んで膨らむので、充実感がある。たっぷり、たんまり、たらふく、たらり……その充塡されて膨らんだ印象は、発音時の舌が感じていることに他ならない。

発音の瞬間には、舌の上の唾をすべてはがすようにして、息が弾き出される。このため、唾が派手に飛ぶ。これが、賑やかさやいきいきとした生命力を醸し出す。

こうして、タ行の音は、発音直前の膨らむ舌が感じる充実感、充満感、確かさ、ぎりぎりまで耐える粘りと、発音直後の飛び散る唾によって生じる賑やかさや生命力という二重のイメージを持っているのである。

したがって、タノシイは、先頭音のタが、充実した賑やかな時間を表現している。舌を包み込むように使うのは、「何かを包みこむ」イメージを創り出す。「大切にしまう」感じ、ひいては思い出やノスタルジーにつながる。

このため、面白いことに、タノシイと言ったそばから、目の前の現実も思い出に変わっていくのである。

あるいは、人は、現在進行中の楽しい出来事を記憶に留めようとして、あえてこのことばを口にするのかもしれない。

私の母は、孫と過ごす時間に、何度もタノシイを口にする。私には、母のタノシイが、カメラのシャッター音のように聴こえてきて、胸がいっぱいになることがある。その音韻が切り取ったのは、孫と会えない時間に何度も取り出して味わう記憶なのだから。

ちなみに、母が孫に久しぶりに会った瞬間、口にするのは「嬉しい」。ずっとずっと会いたかった、という思いが溢れるのだろう。

娘としては、この母のウレシイとタノシイの組み合せが何より好き。永遠に聞いていたい、と、願うように思う。

今この瞬間の充実した気持ち。それを記憶に留めるのが、タノシイ。

今までずっと抱いてきた気持ち。それを溢れさせるのが、ウレシイ。

ウレシイとタノシイは、語感で解析すると、こんなにも違う。辞書の書きぶりがどんなに足りないか、わかっていただけるだろうか。

でもね、辞書に書き分けていなくても、私たちは、ちゃんと使い分けている。

「楽しかったわ」

デートの終盤、大人の女性がこれを口にしたら、ほぼ九割は「さぁ、帰りましょう」の合図である。「充実した時間だった。いい思い出になったよね」というご挨拶。もちろん相手を嫌っているわけじゃないけれど、離れがたさよりも、電車の時間や家族のことが気になっている。

ただし、デートの相手に気がないわけじゃない。あまりにも離れがたい思いが強すぎて、勢いのあるタノシイで、なんとか踏ん切りをつけようとする場合もある。トテモ、タノシカッタ、マタ、アッテネ。あまりにも離れがたくて、ここまで舌の破裂音を重ねないと、とても帰れない……そんな思いを幾度か重ねた後、やがて素直に「あなたに逢えて、嬉しい」と甘いため息をつく晩がやってくるのだろう。その果てに「あなたと過ごした時間は楽しかったわ、ありがとう」と別れゆくその日まで、男と女の時間は、ウレシイとタノシイの綾織りなのに違いない。

ウレシイとタノシイ。

辞書上に記載された意味では大きく違わないこの二つのことばを、人は鮮やかに使い分ける。そこには、見えないけれど確固たる法則がある。街角で、ふとこのことばを耳にしたりすると、私は、情緒研究の原点に戻るような気がして、身が引き締まる思いがする。

## 「同じ」で「対極」

さて、縁というのは不思議なもので、星降る夜の散歩の相手は、空間の研究をしている数学者なのである。ヒトのさまざまな知の行為から論理モデルを切り出し、もの（実体）と思い（認識）の空間関係性を解いている。

私の思考のスタンスは時間関係性の対話文脈であって、意味空間には乗らない（少なくとも今のところは見える）情緒を扱っている。

つまり私たちは、認識の二つの軸、空間と時間を分け合って解いているのだ。私たちは、とっても違うのだけど、何か同じものを二つに割った片方ずつのような思いを持っていた。やがて、空間と時間の感性を持ち寄って新しい概念世界を創生していくことになるのかもしれないが、今は彼と感性の話をする勇気はない。意味空間にざっくりと目盛を切り出すような男性脳に、女性脳の途切れない情緒の話をするのは大変なことなのだ。そもそも、あらゆる感性が対照にある関係なので、直感的に理解しあうのが難しい。逢えば一度は私が不用意に傷ついて殻にこもり、彼が途方に暮れる。彼が美しい男じゃなかったら、とっくに投げ出していたはずだ。

それにしても、タノシイとウレシイの対照性を情緒的空間論議の原初として温めている私に、「楽しい？」と聞かれて「楽しい、そして嬉しい」と応えた空間の研究者というのは、なんとも不思議な構図だ。

かくして、散歩の相手が星の降る夜に囁いたささやかな一言は、受け取った私の胸に抱かれて、いつまでも慰撫されることになる。彼の思いの深さとして。私自身の思いの深さとして。

それにしても、彼はなぜわざわざ「嬉しい」を追加してくれたのだろう。私のことがずっと好きだったから？　聞けばたぶん「あなたがよく使うことばだったたから真似してみただけ」と素っ気なく応えるに違いない。

# 幸福な質問

日本古来の色を表すことばは、たおやかで美しい。あさぎ色、とき色、ひわ色、あかね色。何百とあるその中に、かめのぞき、という色がある。どんな色だと思いますか？

あるひとにそう質問したら、「薄いグレー、だろうか」と答えた。

彼の答えは正解ではなかったが、私は思うところあって、なぜ？　と聞いてみた。彼曰く、「のぞき、というくらいだから、光の織りなす色彩だと思った。だから、影の色を選んだんだ」そうだ。私はこの答えを聞いて、しみじみと幸福になった。

私は好きなひとに質問をするのが好きだ。答えを導き出す姿がまずは好き。刹那、視線が宙に浮く。それから少年のような、いたずらっぽい目になる。ぼんやりとしたイメージに、すっと知の輪郭を描き出す瞬間だ。そして、答え。それらは、時に私を驚かせ、時にしみじみさせ、温かく清らかな思いで私の全身を満たしてくれる。だから、私はこのひとが好きなのだ、そう確認する瞬間……。

さて、かめのぞきの正解は、藍の淡い色合。水色よりは少し濁ったイメージ、英名ならターコイズ・ブルー（トルコ石の色）だろう。染色に使う藍の瓶《かめ》を洗って干した後、内側の壁肌を光に翳《かざ》して見た色、なのだそうだ。だから「瓶覗き」。

すなわち、先の質問で私を幸福にしたのは、「光の織りなす色彩」だと推理した彼の知性だ。のぞき、というたった三音のことばで、私は芳醇な知性に触れることができる。その答えの中に、彼の知の手法が輪郭を表して消えるのだ。私は、彼を心から敬愛することになる。ことばというのはなんて幸福な道具なのだろう。

**「好き」と「愛してる」の違い**

だから私はあなたが好き、そう言いかけて、私はふと気づいた。私たちは互いに「好き」ということばをよく使うけれど、「愛している」ということばを使ったことがない。こんなに好きなのになぜだろう。だからその晩、私の九歳の息子に質問をしてみた。「あなたは寝る前に『ママが好き、愛してるよ』って必ず両方言ってくれるでしょ？　スキとアイシテルは、どう違うの？」

さりげなく振ったその質問は、けれど、その日二つめの幸福な質問になった。

「スキは、好きでたまらない気持ち。アイシテルはね、ママにこれから多少何かが起こっても、ずっと好きでいるという約束」というのが、息子の答えだった。「多少の何かっていうのはね、たとえばおばあさんになってしわしわになっても、ってことだよ。だから、百三十歳まで生きてね」

スキとアイシテル。九歳の脳には、すでにその区別がついている。学校で習ったとは思えないのに。

「好き（だ）」は状態を表すことばである。今現在、目の前で起こっている状態の描写であって、時系列の前後の状態は含まない。直前まで好きじゃなかったかもしれないし、明日は好きじゃないかもしれない。

「愛してる」は行為を表すことばだ。その原型「愛する」には、サ行変格活用動詞特有の能動的な意志が含まれている。さらに「愛する」を辞書で引くと「好きで、いつもそれに親しむ」（三省堂『新明解国語辞典』）とあるように、時間軸の幅を含んでいる。すなわち、あなたを愛する、と宣言したなら、明日も好きでいるという約束だ。

まっすぐに育った男なら、齢《よわい》九歳にしてそのことばの重さを知っている。それにしても、相手がしわくちゃの百三十歳になっても好きでいようなんて、健気《けなげ》な決心もあったものだ。母親として感動はするけれど、もしも明日、クソババァとなじられても驚かない。自分も歩いてきた道だからね、そう息子に言ったら、息子はこう応えた。

「たとえば、十七歳くらいでおいらがママに死んじゃえばいいのに、って言ったとするでしょう？　でも死んじゃ駄目だよ。人は一回ぐらいは、本心じゃないことを言うものだからね」

**「スキ」と「アイシテル」が脳に及ぼす効果**

スキとアイシテルを、語感でも見てみよう。

スキは、爽やかな風が口腔を吹き抜けるスに、相手にまっすぐ飛び込んでいく喉の破裂音キの組み合せ。どちらもスピード感と清潔感、潔さの音である。スキは、だから、相手に対する清々しくまっすぐな思いをそのまま体現したような音並びといえる。

そこには、何の逡巡もなく、何の企みもない。自己憐憫《れんびん》も、自己陶酔も、保身もない。あるのは、ただまっすぐな思い。見返りを要求しない、まっすぐな好意である。

この、何のためらいもないスキに対し、アイには、時間のためがある。

先頭音アは、口腔を高く上げるので、口腔形を作るのにスよりずっと時間がかかる。さらに、口腔形を作ってから音が発生するまでにも時間がかかっているのだ。だから、意識にも時間幅が生じるのである。

口腔を高く上げて、喉の奥までさらけ出すア、相手に向かって、強い前向きの力が働くイ。アイは、「自分のすべてをあなたに」という意識をつくり出す母音並びであり、その意識には時間幅がある。だから、「ずっとのお約束」なのだろう。

**素直に「好き」と言えないほどの情**

かつて、私の大好きなひとに「私のこと、好き？」と質問すると、「う〜ん」と唸ったきり、なかなか答えてくれなかった。清潔で邪気のないスキを、なぜか素直には言えない。その彼の逡巡に、官能の匂いを感じて、私は胸を熱くしたものだった。

今の彼は、この質問に、気軽に即答してくれる。「私のこと、好き?」「うん、好きだよ」

先日、その打ち返すような即答ぶりにすっかり白けて、「もう少し重々しく言えないの?」とからむと、「昔は、なぜ即答できないの? とからんでいたよなぁ」と、さらに打ち返されてしまった。今度は私が「う~ん」と唸る番である。

ちなみに、息子に「ママのこと、好き?」と聞けば、「うん、好きだよ。愛してる」と、スキとアイシテルのダブルで答えてくれる。今の気持ちを聞かれて、将来の気持ちまで約束してくれるのだ。

これこそが究極の正解だろう、とは思うのだけど、この正解を私の大好きなひとに言われてもまた微妙。そんなにあなたの「愛」は軽いの? とからみたくなる気がする。結局のところ、男と女の間には、ことばが足りないくらいがちょうどいいのに違いない。

## 恋人にしない二つの質問

ところで、私には、大好きなひとに絶対にしない二つの質問がある。「昨日は何をしていたの？」「明日はどうするの？」

理由は、どんな答えが返ってきても悲しいからだ。私が所有できない彼の時間を埋めるのは悲しい。逢っている時間だけを上手につなげて、いつでも機嫌のいい女でいられたらどんなにいいかしら、と願うように思う。願う、ということは、なかなか実現できないということだけど。

# 刹那の奇跡

「刹那、というのは〇・七秒なのだよ」

スコッチのグラスを傾けながらそう囁いたのは、例によって認識論を得意とする、私の科学者だった。バーの暗がりにいかにも似合うその話題は、隣で誰かが聞いていたら粋な口説き文句だと思っただろう。けれど彼は、もちろん口説くつもりで言ったのではない。

「なんて絶妙なの。一秒でもない、一瞬でもない、そういう尺だもの。刹那は」

「そう、まさに絶妙だ。あなたなら、そう言うと思った」

文章にしてしまえばスマートな一往復の会話だが、これを発話するまでに、私は驚きのあまりしばし絶句したのだ。刹那より少し長かったと思う。

私は、かねてより、刹那を〇・六秒前後だと勝手に決めていた。刹那は、「認識にかかる時間」の最小単位に違いないと解釈し、工場の生産ラインの設計では、作業員が流れてくる部品を認知するのにかかる時間が〇・六秒とされているからだ。それが事実上の平均時間らしい。

私が驚いたのは、その私の予想上の時間幅を、ほぼそのまま、彼が言い当てたからだ。

## 認識が確立するまでの微小時間

ヒトは目の前のものを認識しながら生きている。初夏の宵に浮かぶ白絹のリボンのような物体に「刹那」心奪われて、やがてハナミズキだと認識する。ぼんやりしたかたちや匂いや雰囲気が、認識されてことばになるそのわずかな隙間が刹那だ。

けれど、認識の隙間には幅がある。暗闇のハナミズキを認識するには〇・七秒かかりそうだが、茶碗だの恋人の寝癖のついた後頭部だの、日常目にするものを認識するのに要する時間はもっと一瞬だ。「刹那」の物理的な解釈にも諸説あって、最も短い説では七十五分の一秒だという。

ちなみに「刹那」は仏教用語で、梵語《ぼんご》のksanaに由来する。「時間の最小単位で、一つの意識の起こる時間」をいう、と三省堂の『大辞林』にはあった。「認識にかかる時間」という私の勝手な解釈は、そう悪くなかったことになる。

私はこの、認識が確立するまでの微小時間が大好きだ。ヒトの意識が一瞬宙に浮き、なんとも無防備な表情になる。というわけで、彼の刹那の表情が見たくて、認識に時間のかかる命題をついつい掲げてしまうのだ（なぁんて書くと知的な質問みたいだけど、私の場合「私の声が好き？」とかの単なる唐突な発言に過ぎない。そのほうが、彼は、ハトが豆鉄砲を食らったような顔になるからね）。

それは彼も同じらしい。冒頭の「刹那は〇・七秒」の発言も、その後にたっぷり三秒は続いた私の沈黙を、彼はとても楽しんでいた。

私たちの会話は沈黙がベースで、思いついたように相手の刹那を誘う発言があり、しばらくその解釈を話し合う。私たちは互いの無防備な刹那を尊重して慰撫しあい、けっして傷つけることはないし、邪魔したり無視したりしない。唯一その信頼感で結ばれている。何の約束も愛ということばもないけれど、不思議なことに、この信頼感は絶対で、永遠なのである。

何度も言うようだけれど、ヒトの脳は、認識中の刹那にとても無防備になる。認識し終えた瞬間、それがいのちを脅かす敵であれ、いのちを与える恵みであれ、すぐに何らかのアクションを起こさなくてはならないかもしれないので、生理的にニュートラルな状態になるからだ。そういう意味で、外部環境を認識するという行為はマニュアル車の運転に似ている。刹那というニュートラル状態を介して、さまざまな意識をつないでいくのである。

だから、もしもヒトの心を操ろうと思ったら、このニュートラル状態のときを狙えばいいわけだ。認識時間を引き伸ばすような演出をし、その刹那に入り込んでかき回す。いくつもの卑怯な団体がそうやって「信者」を囲い込んだり、粗悪品を売りつけたりしている。

あるいは相手にニュートラル時間を与えない、という愚策がある。母親が、子どもの穏やかな認識を待てずに追いつめる。女たちが、恋人の認識を信用できずに一言多いことばを重ねる。彼女たちの愛するものたちは、やがて、息が詰まって逃げ出すに違いない。刹那を許容されない関係は何よりも辛いものなのだから。

さて、このようにデリケートな「刹那」だから、無駄に引き伸ばされるとヒトは不安になる。暗闇に蠢《うごめ》くものが、〇・七秒経っても何ものか認識できないと、ヒトは不安を感じ、ほどなく恐怖感に襲われる。たとえばヒッチコックの映画は、音楽やカメラワークで「認識しきれていない何かがある」ことを延々と暗示し続けて、観る者を深い恐怖に陥れるのだ。

## 不安をかきたてることば

実は、同じような効果を持つことばがある。「悪魔」や「魑魅魍魎《ちみもうりょう》」がそうなのである。これらは字面もなんとも不快なのだが、ことばの音が刹那を引き伸ばし、使うそばから人を不安にさせている。

アの発音体感は、からだの動きを一瞬止めさせる。たとえば、何かに驚いたとき、私たちは「あっ」と声を上げる。このとき、からだの動きが一瞬止まるわけだが、これは口腔を高く上げたことによって、背筋がすっと伸びるから。驚いたときに、動物が背筋を伸ばして止まるのは、追いかけるにしろ逃げるにしろ、次の動作に素早く移れるからだ。

つまり、何かに驚いたとき、次の動作に移れる姿勢を作るために、私たちは本能的に「あっ」と声を上げるのである。私たちの脳は、その発音体感が、からだの動きを止める効果があることを知っている。しかも、筋肉を萎縮させない、伸びやかな停止であって、次の動作を作り出すには最高のコンディションであることもわかっているのだ。

クの発音体感も、からだの動きを一瞬止めさせる。喉の破裂音Kを、内向きの力を作り出す母音uが一瞬止めてしまうからだ。クの作り出す停止は、からだをくの字に折るような、力強く硬い停止である。

M音は、鼻腔に響かせた音を、さらに口腔に響かせることで作られる。くぐもった、長い振動が頭蓋に起こる。このため、口腔を発音のかたちにした後、発音のピークまでの時間が長いのがM音の特徴なのだが、特に大きな空間に音を響かせるマとモは、いっそう長い時間を要してしまうのである。

伸びやかな停止のア、力強い停止のクに、長い溜めの時間を持つマ。これだけ引き伸ばしておいて、息を発散させるのは、わずかに語尾の母音のみである。溜めに対して、発散がはるかに足りないので、発音する者の胸に、「まだ何かある」という不安を掻きたてるのがアクマの語感なのである。ひいては、「得体が知れない」というイメージを創り出す。

チミモウリョウは、弾けるような生命力を感じさせるチの後に、長い溜めの時間を持つミ、モが続き、重く引きずるリョウへと引き継がれる。生命力のある何かが、長いからだで蠢くような、そんな不快な現象が口腔内で起こるのである。アクマ同様、こちらも刹那が引き伸ばされて、「まだ何かある」「得体が知れない」という不安を煽る。

アクマとチミモウリョウ。どちらもストップウォッチで実時間を測れば、たいして長い時間を要することばではない。なのに、語感の溜めは、認識の刹那に忍びこみ、私たちを翻弄するのである。

認識の刹那、私たちの内側に起こることは意外に大事なのであって、深い意味がある。特にことばの語感は、認識を大きく牛耳っている。

**刹那を楽しむ**

ところで、認識の刹那を永遠に引き伸ばすのが芸術なのだ、と言った音楽家がいた。彼は、弦楽器のソリストで、正確には「刹那を永遠に引き伸ばすのがクラシックの器楽曲なのだ。考えてみれば、すべての芸術がそうなのだと思う」と表現した。

確かに彼の言うとおり、たとえば秀逸なシンフォニーは、最初の指揮棒が振られた瞬間から最後の音が消えるまで、ことばになりそうでことばにならないイメージが次から次へとうねるように現れる。弦の無伴奏曲に至っては、蝶の羽ばたきのように高揚し、水のように流れ、森のように沈静化するといった非常に原初的な認識の旅に連れて行かれることになる。

そして、どのようなことばも、演奏が終わってから現れるのだ。まさにクラシック音楽は、〇・七秒とも七十五分の一秒ともいわれる刹那を何十分にも引き伸ばす奇跡といえる。刹那を楽しむのが大好きな私も私の好きなひとも、刹那の奇跡、クラシック音楽が大好きである。

## 穏やかな予感

露地物の茗荷《みょうが》が出てきたので、味噌汁にしていただく。私の小さな夏の始まりだ。そんなささやかな営みが、今年はとても嬉しかった。私の愛するひとが、茗荷の味噌汁をとても楽しんだからだ。

茗荷、谷中生姜《やなかしょうが》、青紫蘇《あおじそ》、野蒜《のびる》、ふきのとう。田舎家の露地で放っておいても伸びるそれらの野菜は、土地の力をくれるものたちだ。それぞれの芳しい香りの前に、土臭さが立ち上る。

### いのちの力を制する男

露地野菜の香りを楽しめる男は、最近は意外に少ない。食べ物のいのちを、いのちのかたちのままにいただく、という才覚のある男にしかその芸当はできないからだ。女が普通にするこの食べ方を、男がなかなかできないのはなぜだろう。

彼は、この野菜の力を飄々《ひょうひょう》と楽しんだ。香りを語り歯触りを確かめて、悠々と喜んだのである。私は久しぶりに教養ということばを思い出した。と同時に、この静かな美貌の男の中にある野趣を思った。青臭い土の力に負けない男。胸が痛くなるほどセクシーだ。

その彼の中の野趣は、私をゆっくりと飼い馴らしている。私の中の荒ぶる生は制動されて、静かに腰を下ろそうとしている。私は茗荷の味噌汁をいただきながら、この春、ある願い事をしなかったことに思い至った。

私の、自分自身に関する願いは、ここ二十年ほど一つしかない。逝くときは、ぜひとも春爛漫の黄昏《たそがれ》どき、うっかりまどろんでしまったままがいい。花散らす春の風がふと凪《な》いだその瞬間、心臓が次の鼓動を打とうとしてしばし迷い、挙句あきらめてしまったような穏やかな死。毎年、桜からハナミズキへと移ろう春の風景の中で、幾度となく切に願う、唯一の願い事だった。

死に憧れる気持ちは、手に余る生の勢いのせいだろう。

## 中年の自分の姿にほっとする

だけど今年、茗荷を楽しむ男が、土の香りを愛《め》でるように私の中の有り余る生を受け入れた。続いて、茗荷の歯触りを楽しむように、さくっと私の何かに歯を当てたのだ。私の中でのたうち回っていた何かが、ゆっくりと足許に侍《はべ》るのがわかった。こうして、四十を過ぎるようになってやっと、私の思いが私自身の身体に収まった。気がつけば肉体のほうも、ずいぶんと余裕のある、ゆったりした中年になっていた。

今、私は鏡に映る自分の姿に心からほっとする。どう見ても立派に中年の女だからだ（立派な、ではない）。生涯口にすまいと誓った秘密をひとつ隠し持っているような、そんな暗い瞳と、それを希釈する陽気な目尻の皺《しわ》を持っている。唇がふくよかなのは二十歳のころから唯一変わらない点だ。若いころは明らかに余剰だった唇の存在感を、今は気持ちが許容している。そうしてこの春は、鏡を見るたびに安寧な気持ちになり、とうとう一度も黄昏どきの死を願うこともなく過ごしてしまった。

代わりに、私は夢を見た。

四月のある夕暮れのことで、色も形もない夢だった。それは、ぬくぬくとした羊水のイメージ。近くに幸せな羊水が存在する……ことばにするとそんなインスピレーションだ。目が覚めたとき、私は、私の大切な誰かが妊娠したのだと確信した。誰かしら、と私は考えて、まぁそのうちわかるでしょう、と穏やかな予感を胸に抱いたままにした。

私は特に霊感が強いわけではないのだけれど、この羊水のイメージだけは外したことがない。案の定、穏やかな予感を抱いて二週間目、私は、私と同い年の友人が身ごもったことを知った。

彼女は今、飴玉をゆっくりと口の中で転がすように妊娠の初期状態を「確かめて」いる。口の中に放り込んだ飴玉が、最初はごつごつした違和感をもたらすように、胎児も母親の自我にとっては異物なのである。自分ではない、何か。だけど決して邪悪ではない、強い光のような意志だ。最初はその一途な光に戸惑い、やがて照らされてゆっくりと幸福感が満ちてくる。妊婦というのはそういう生き物だ。そんな最初の戸惑い、砂糖でざらつく飴玉の表面のような違和感を、彼女は穏やかに受け入れている。ころり、と右頬から左頬に移しながら、そのはばったい感じを楽しんでいる。十年前、荒ぶる生を抱えたまま妊婦になった私が悪阻《つわり》でうんざりしていた時期だ。大人になってから身ごもるというのは素敵なことだと思う。

そんなことを考えていたら、傍らで、ころり、と彼女がまた飴玉を転がした。

「妊娠を外からの情報で得る前に、女は身体の内側からわかるのね。身体の内側から情報が来る、身体の内側から納得がやってくる、というのは初めての体験だった」

私は彼女の足許に溜まっている、行く春の陽射しを見ていた。そして突然、私自身がこの飴玉をもう口にすることはないだろう、と唐突に思い至った。なぜか、幸福な確信だった。私の中で、確実に一つの季節が終わったのだ。

**「人生の豊かな時間」の始まり**

行く春を　近江の人と　をしみける（松尾芭蕉）

この句に最初に出逢ったとき、私には違和感があった。行く春を惜しむという感性がよくわからなかったからだ。行く春は、夏の予感が満ちてくる季節でもある。葉桜になれば、夏咲きのバラが露地を飾る。祭囃子《まつりばやし》が聞こえれば、今年流行の浴衣の柄が気になり、誰と夜店を回るのかを思う。先へ先へと思いが急《せ》く季節なのだった。行く春を、惜しんだことが私にはなかったのである。

身ごもることも同じだ。先へ先へと思いが急ぐ。胎児の未来を思えば、ゆうに二十年分の想像ができる。いくらだって先へ行けるのだから、行く春を惜しむような感性は、ここには入る余地がない。

その、行く春が、今年私には見えたのである。人生の豊かな時間が、やはり始まったのだ。

さて、この句には逸話がある。芭蕉は、弟子の去来との問答の中で、「なぜ近江なのか、なぜ丹波では駄目なのか」という命題を挙げている。去来は、この句は、行く春と近江の組み合せでなければ成立しないと断言し、師匠をいたく感動させている。去来は、琵琶湖の朦朧《もうろう》とした春霞の風景をもって、その発言の担保としたが、「行く春」が見えた私には、別の感慨がある。

タンバでは、生命力がありすぎるのだ。舌にたっぷりと息を孕んで、勢いよく弾き出すタ。続くンで、喉の奥をぐっと締めてさらなる弾みをつけた後、唇の破裂音バで、エネルギーを四方八方に発散させる。生まれいずるいのちの未来を祝す呪文であるかのように、タンバには、生命エネルギーが満ち溢れているのである。

このため、タンバの語感は、行く春を惜しむ心ではなくて、来る夏に逸《はや》る気持ちにこそふさわしい。一方、オウミは、穏やかな停滞を髣髴《ほうふつ》とさせる語感で、包み込むような優しさを呈している。

オウミ……生命エネルギーの穏やかな停滞。それを予感したからこそ、私にも「行く春」が見えたのに違いない。

それにしても、行く春を、芭蕉は人生のいつのときから見つめていたのだろうか。

# 少年たちの夏

ふぅっと息を吐くと、結露してしまいそうな湿度の高い梅雨の宵だった。何もかもがしっとりと濡れたように動かない。こんな日は、と出掛ける私に息子がささやく。まるで重大な秘密を打ち明けるかのように。

「怪人二十面相が出るよ」

お使いに出た私は、なぜか通い慣れた道を一本間違えて、袋小路に迷い込んでしまった。その行き止まりの塀の上に黒いマントが翻ったような気がして目を凝らすと、幻のような花が咲いていた。甘い匂いがしたたり落ちる、くちなしの花だった。

日常の何でもない情景が、映画のワンシーンのように脳裏に焼きつくことがある。かいじんにじゅうめんそう。息子のことばが魔法の呪文になって、私は数十秒のミステリーツアーに出たのだった。

『怪人二十面相』は、ご存じ、江戸川乱歩の少年小説である。十歳になる息子が本の音読をねだることも稀になってしまったが、これだけは字面がレトロで読み難いのか、律儀に私の膝元に持ってくる。彼は母の膝枕を堪能しながら、小林少年が怪人の罠をやぶる瞬間を待つのだ。

## 子どものころから男女の脳は違う

乱歩の描く東京は、まだ暗いロマンスに満ちている。貧富の差が激しく、男女は違う言語を操り、おとなと子どもは異なる論理を持っていて、夜と昼は別世界になる。二十面相はこの対比の間を自在に行き来する謎の怪人で、小林少年もまたこの対比の間を自由に行き来して二十面相に対抗する天才少年なのだ。

このプロットは二十一世紀の少年には無理かもしれないと思ったが、息子は乱歩の荒唐無稽を十分に楽しんでいる。頬を紅潮させて先を聞きたがる。

一方私は、膝の重さで少年脳を感じながら、一時期とはいえ少年を所有したことの悦楽に浸る。彼はいつも、少女だった私には想像もつかないものを見ていて、私にはそれが面白くてしかたがないのだ。

息子は、夕暮れの雑居ビルの谷間に怪人二十面相を見る。ビルの狭間に仲間と集って隠れ家を作り、黄昏時の路地を冒険して歩く。街裏に縁台を持ち出して夕涼みしている老人が、実は怪人二十面相ではないかと胸躍らせながら。

やがて、日が暮れると、彼らは宇宙について語りながら帰ってくる。いつか自分たちが宇宙に旅立つときに、母親がついて来てくれるかどうか心配しながら。

私は、はちみつ色の頬の少年たちが、空想で頭がはちきれそうになっているのを見ると胸がいっぱいになる。なぜなら、少年たちの好奇心は、自我以外のものに放射されているからだ。思春期に入る直前の少年たちの無垢は、比類がなく透明だ。

対して、少女たちの関心は自分に集中している。少年たちが宇宙に旅立つ夢を見るころ、少女たちは自分を迎えに来る王子さまを夢見ている。少年たちが地球の未来を案じるとき、少女たちは自分の将来に怯《おび》える。

少年と少女は驚くほど違う。この違いは、脳の生来の違いに起因する。男性の脳梁《のうりょう》

（右脳と左脳をつなぐ部分）は、女性のそれに較べて細い傾向にある。脳梁が細いということは、右脳と左脳の連携が悪い脳ということになる。この脳は、右目から入った情報と左目から入った情報を混ぜないので、右左の違いが顕著となり視野に奥行きが生じ、確かな遠近感が生まれる。赤ちゃんのころから、近くより遠くが気になり、自分の気持ち（右脳の演算）が、顕在意識（左脳の演算）につながりにくいのが、男性脳の特徴だ。

したがって、彼らの基本的な認識の傾向は他者認識にある。より遠くへ好奇心が向かい、調子がよければ夕暮れの空を突き抜けて、宇宙にまで届いてしまうのだ。

## 少年がおとなになる時

さて、どこまでも広がる少年たちの好奇心が、どうにも乗り越えられない「際」に出逢うときがある。彼らがおとなになるときだ。

それを描いた秀作がある。湯本香樹実さんの『夏の庭——The Friends』という小説だ。小学六年生の男の子たちのひと夏を描いた秀作である。

この話、夏の初めに仲間の一人、山下君のおばあちゃんが死んだところから始まる。死ぬってどういうことだろう、と興味津々考えはじめた三人の少年たちは、実際に生きている人間が死体に変わる瞬間を見てみるしかない、と決心。近所の、生ける屍《しかばね》のような一人暮らしの老人の観察を始めるのだ。ところがその死にかけていたはずの老人が……と、ここからは実際に読んでのお楽しみにしておこう。

読書の邪魔にならない程度に結論を言うと、少年たちは彼らの夏の終わりに一つの死体に出逢って、死の意味を知ることになる。死はけっして失われない永遠の真実と共にあるということ。死を恐れることはない。自らのそれも、親しいひとのそれも。彼らは、夏の初めには確かに子どもだったのに、内なる真実を見つめる青年になって、この夏を後にする。

この話を読んだとき、私は、少年たちの見ている世界が少女だった私の見ている世界とは違っていたことを知ったのだった。

少女の好奇心は、自分に向かう求心的な力だ。だから、それが負に働くときも自分に向かうことになる。すなわち自分を憎む。拒食や過食は、多くは少女に起こる事件だ。

対して少年の好奇心は、外へ向かう。一躍、死や宇宙の果てのような現世界の際に好奇心が集中する。そして、それが負に働くとき、少年は社会を憎むことになる。

すなわち、少女の情緒の源は主観にあり、少年の情緒の源は客観にあることになる。私は情緒を工学として扱う研究者として、このことに注目せざるを得ない。と同時に一人の親として、このことを軽視するわけにはいかない。少女がおとなになる術《すべ》と、少年がおとなになる術は、まったく違うオペレーションになるわけだから。

普通の少年は、きっと何らかの際に出逢う。大切なひとの死、遂げられない思い、越えられない国境や宇宙の摂理。そのとき、外に向かっていた好奇心が方向を変えて自らの内部に深く浸透し始め、少年はとびきりのおとなになるのだ。客観から主観へ。主観で始まり、客観に目覚め始める少女とは逆のオペレーションだ。

少年は「あなたはどう思う?」という質問に答えられるようになって、初めておとなになる。少女は、「私はこう思う」を呑み込めるようになって、初めておとなになるのである。

## 名前を呼ぶ、という魔法

さて、私の少年はどのような際に出逢うのだろうか。

この原稿をまとめていて、私はふと不安になった。私の愛するひとの主観は、ちゃんと確立しているのだろうか。彼は、私に起因したことで負の感情を露呈したことがない。「あなたはどう思う？」と聞いても、穏やかに微笑むだけ。静かに、嬉しそうに、私の傍《そば》にいてくれるばかりなのだもの。彼の中に、本当は私など内在しないのかもしれない。彼自身が、空虚なのかもしれない。

不安のあまり、泣きながらそう聞いたら、彼はとびきり優しい声で私の名を呼んだ。ほら、と続ける。「あなたと過ごす、最初の梅雨だよ」

名前を呼ぶ、というのは、なんて素敵な答えなのだろう。「私」が彼の中にいるのが一瞬のうちにわかる。彼の自我を感じ、私の自我を認める、魔法のことばだ。その日も湿度の高い夜だった。何もかもがしっとりと濡れたように動かない闇の中に私たちはいた。彼がおとなの男でないなんて、どうして疑ったりしたのだろう。

# やわらかな自我

私の中に、少女がいる。

ほんの数日前、私は唐突にそのことに気づいた。豊かな髪をおかっぱに切りそろえた、痩せっぽちの女の子。彼女は、私が八歳の夏に置き去りにしてきた「八歳の私」だ。私にはすぐにそれがわかった。彼女は、私がその夏好んで着ていた、水色のワンピースを着ていたから。

## 八歳の自分からの問いかけ

彼女に気づいたのは、炎天下の交差点だった。信号待ちをしていた私は、あまりのことに立ちすくんでしまった。なぜ今、この子がこんなに確かなビジュアルでもって、私の意識の中に立つのだろうか、と。私は、狂ってしまったのだろうか。

三日の間、私は、彼女を観察し続けた。何ということはない、彼女は、ただそこにいるだけだった。途方に暮れるわけでもなく、拗《す》ねるわけでもなく、おっとりとそこにいる。そこというのは脳裏、すなわち認識したすべての像が結ばれる後頭部の片隅で、もちろん私の脳の中の出来事だ。

四日目、私は彼女にそっと手を差し出してみた。彼女ははにかむように小さく笑った。五日目の昨日、私は彼女を抱きしめた。嬉しがるだろうという予想に反して、彼女はぽろぽろと涙をこぼした。と思っていたら、泣いていたのは私自身だった。嬉しいのか悲しいのかは皆目わからない。ただ、泣くことが、そのときはとても気持ちがよかった。

それ以来、彼女は私の傍にいる。不安なとき、私たちは手を取り合う。ときに膝に乗せて、抱きしめる。私は私自身が大好きになる。文学や映画によく使われる幻の同伴者というこの手法を、この数日間私は感じているのだ。

もう一つ、不思議なことがある。私の愛するひとがこの子を愛でる、のだ。たとえば、私の背後にある何かに手を伸ばしたついでに、彼はこの子の頭を撫でる。実際には、彼は私に触れもしないのだけれど、私には、彼が私の中の少女をくしゅくしゅっと撫でるのがわかる。そもそも彼は以前から、気配だけで私を猫っ可愛がりする、不思議な男なのだ。

彼はよく言う。「いつでもあなたに逢えるのだよ。あなたの気配がわかるのだ」と。そう言われてみると、何百キロも離れていても、彼が私をかまったのがわかる瞬間がある。今では正確には、私や、私の中の少女の私を、だ。そんなことを言う彼は、観念論の人ではなくて論理数学者である。

私たちがおかしいのだろうか。それとも、おとなの恋人たちは、皆こんな幻を見るのだろうか。真夏の夜の、月蝕の晩に。

さて、困った。私は前話で、少女は、主観から客観へ情緒の源がシフトしておとなになる、と豪語した。ここではその話をさらに重ねて、自我を外から見つめるおとなの女の視点を採り上げるつもりだったのに、私自身がもう一度、自我の核に出逢ってしまったのだもの。……八歳の私。

## 八歳の脳に起こること

小学三年の夏休み、私は、空き缶の中で足を滑らしてはくるくる回る愉快な沢蟹に夢中だった。その日も竹藪の中の小さな川で、私は沢蟹を捕って遊んでいた。ふと、竹を揺らして一陣の風が通り過ぎ、私は笹の葉の作り出す緑の波を見上げたのだった。次に手元の空き缶に視線を移したとき、私はなぜか、その中で動き回るユーモラスな小蟹に対する好奇心をすっかり失っていた。それ以来、川に入って遊ばなくなった。その日着ていたワンピースが、水色木綿のワンピースだったのだ。

八歳は言語脳の完成期と言われている。あの夏の日、私の脳が臨界期を迎え、蝉が脱皮するように何かを置き去りにして新しい思考の旅に出た。人生の記憶を丁寧に探せば、誰にだって、そんな瞬間がある。

けれど、今またあの場所に戻ったのは、なぜだろう? 三十年を超える思考の旅が一巡したのだろうか。それとも、ずっと彼女は私の傍にいたのかしら。私が気づかなかっただけで。

その答えはこれから探すことになりそうだが、少なくとも私は、自分の中の女性性をうまく育てあげたようだ。私自身が少女の私を愛し、「私たち」は寄り添っている。このフォーメーションは、外的な力では当然崩すことができないものだ。そうして私の恋人が、私を愛するのを主観で歓び、少女の私を愛でるのを客観で喜ぶ。私はただ生きているだけで、彼はただ傍にいてくれるだけで全方位から安らかな思いが満ちてくるのだもの（達成の努力をして成功したり、誰かに賞賛してもらわなくても、だ。彼が贈り物や愛のことばを連発しなくても、である）、これは最強の女性性のかたちではないだろうか。

## 承認欲求の呪縛

自分で自分を愛する、ということ。これは、私の人生後半のメインテーマだった。誰に認められなくても、ここに生きていていいという安定した証《あかし》を手に入れようとしたら、自分で自分を愛する以外に方法はない。けれど、自分を愛するのには愛するひとの圧倒的な容認と賞賛が必要だ。そのパラドックスが、脳梁の太い女性脳の特徴なのである。

すなわち、遠近感に乏しく、自己の周辺を見つめ続けることを使命とされてしまった私たちの脳は、なかなか自我の外に出られない。自分を客観視することが苦手なのだ。だから、言語脳の完成期におずおずと自我の外に踏み出した少女たちは、長い時間をかけて自己確認をする。いい子だね、と言われてほっとし、いい女だな、と言われて安心する。「親に誉められる娘」として自我の輪郭を書き、「恋人に愛される女」として、また自我の輪郭を描くのである。子どもを産めば、しばらくは母親としての使命感に深く支えられる。だからこそ、我が子の幼児期を終えてしまった女の絶望感は深いのである。ある女性脳は子どもの親離れを拒み、ある女性脳は社会参加しなければともがき苦しむ。

## 自分で自分を愛せれば最強

誰かに絶対的に認められたいという欲望は、群の中で、安全に個体として存続するための脳の糧《かて》なのだ。それは、食欲と同じように切実な欲望なのである。その「誰か に絶対的に認められたい」の「誰か」が自分であれば永遠に絶対だ。それを神に置き換えたのが宗教なのではないだろうか。

やわらかな自我。ふいに、そんなことばが浮かんだ。敬愛という輪郭で描かれたやわらかな自我だ。自分で自分を敬愛し、自分を愛するように大切なひとを愛すればいい。

八歳の夏の日、沢蟹を放した私は、その後、受験戦争に勝ち抜き、企業戦士として生き抜き、子育てに身を費やしてここまでやってきた。立派な大人として他人から敬愛されるために。けれど本当は、自分自身を愛するための長い長い仮想アドベンチャーだったんだなぁ、と今しみじみ思うのだ。三十三年間のアトラクション。今やっと出口にたどり着き、入り口にいた八歳の私と再会して抱きとめた。ここから先が本当の人生なのかもしれない。何が私を待っているのだろうか。

# 愛するもののなまえ

カナカナと、ひぐらしが、たゆたうように鳴いている。夏の終わりの昼下がり、溢れるようだった白い陽射しに翳《かげ》りが見え始める。その翳りに触発されたかのように、物悲しい声を持つこの蟬たちが鳴き始めるのだ。

気がつけば、夕暮れ時の風もひんやりと冷たくなっている。月も冴え冴えと影を見せる。私は心底ほっとする。これで、息子の首の汗疹《あせも》が消える。暑さにだけは辟易する、私の愛するひとも、ほっと一息つくだろう。

## 愛してるから腹が立つ

女は愛するひとたちを、ふんわりと案じて暮らす生き物だ。案じるから、腹も立つ。

残暑に舌打ちをしたってしかたがないものを、と自分で自分に苦笑して、夏の終わりの日が暮れる。

そういえば、案じなくてもいいものも案じ、腹を立てなくてもよいものにも腹を立てて、昔の女たちは日々を暮らしていたような気がする。そうすることで、身の回りの小さな危険から家族を守っていたのだ。二十一世紀にキャリア・ウーマンと呼ばれて飛び回っていても、暮らしぶりの一端がいつの間にか祖母の世代の女たちに似ているのにはなんだか可笑しくなる。女子どもが暮らすということは、きっとそういうことなのだろう。

だから女の暮らしは、賑やかになる。しなくてもいい指示を先にして、後から小言が追いかける。愚痴がかぶさることもある。その上、間の空白を、行方の見えない世間話でつなぐのだ。

## 時には駄目亭主になってみる

もしも、そんな奥様を持っている方がいたら喜んでください。彼女の女性脳は抜群に優秀です。ただし、彼女と長くやっていくにはコツがある。生活能力の低い駄目亭主を演じきるしかないのである。彼女は、亭主の私的空間を触りまくって安心する。脱いだ服を勝手に洗い、あえてそう置いた本を無神経に片付けた挙句「あなたはいつもだらしない」と勝ち誇る。駅の通路を塞ぎ、人の行く手を斜めに横切り、だけど同じことをする他人には容赦せず、勝手に歩く同行者にも腹が立つ。だから、亭主はぼんやりしているふりをして、彼女に先導されて歩くのが一番覚えめでたいのであって、けっして効率的な暮らしをしようとなんか思っちゃいけないのだ。……なんて茶化してしまったけれど、女のこの賑やかな暮らしぶりがなければ子どもは育たない。老人も安心して呆けられないのだ。

さて一方、優秀な男性脳が暮らしをデザインすると、ひたすら静謐《せいひつ》になる。ここまで書いてきて、私ははたと困ってしまった。知的な大人の男たちの、スタイルのある暮らしぶりを表現する日本古来のことばは何だろう。

居ずまいのよい、という美しい日本語があるが、どうも空間関係性の表現に偏っているような気がする。その居ずまいのよさを創り出している、暮らしぶりの正しさ、すなわち時間関係性の要素を表現するのには少々手薄な感があるが、どうだろうか。
私が表現したかったのは、こういうことだ。

**成熟した男性脳には無駄がない**

私の愛するひとは、旅先でその日着た下着を淡々と洗って干し、翌日に着る。書類は必要以上に広げないし、使ったものは元の場所に戻す。魚はきれいに食べる。口数は少なめで安定し、他人の話をとてもおおらかに聞く。つまり、自分の気が制する空間、というのだろうか、背骨を中心に半径二メートルくらいの扇形の情緒空間を、彼は非常に効率よく回すのだ。効率がいいから、けして潔癖症には見えない。他人より鷹揚に見えて、それでいて静謐なのだ。

だからもちろん、居ずまいがよく、佇まいも美しい。立っても座っても、見蕩《みと》れるくらいに艶《つや》のある男なのだ。

この暮らしぶりの静謐さは、成熟した男性脳の特徴だ。空間認識能力が高いから、何をどこにプロットしたらいいのかがよく見える。ものだけでなく、手順もそうだ。

見えるから、無駄がない。無駄がないから、騒がない。

その隣で、私の素敵な女性脳は、ドアを開けそこねてため息をつき、コンタクトレンズを入れそこねたと思ったら、マニキュアの瓶を見失って困惑する。当初彼は、自分の空間に私を招き入れるのを躊躇していた。扱いかねて遠巻きだったのだ。きっと私が、彼のスタイルにとって不穏因子だったから。けれど私は、だからこそ彼を信頼したのだった。つまり、彼が半径二メートル以内の情緒空間に「優秀な」女性脳を招き入れることに慣れていなかったからだ。静謐なのに、無骨な男。男らしくて、ひたすら官能的だ。大人の女が恋をするなら、このタイプが一番嬉しい。ライバルに悩まされることがないし、そもそも女に小器用な男なんて、居ずまいが俄然悪くなる。

そんな彼も、最近は私の女性脳に慣れてきて、私のためにドアを開け、私の荷物をフォローしてくれる。こう考えると、レディファーストの習慣って、男性脳が女性脳を制するための約束事だったのね。その後の「小」騒ぎを避けるための、大人の男の知恵だったのだ。

**日本人の脳の特別**

気がつくと、ひぐらしの数が増えている。黄昏の雑木林に、降りしきるようなひぐらしだ。

それにしても、夏の終わりのこの国の風景に、こんなにも似合う音が他にあるだろうか。陽射しが和らぐと同時に、夏の疲れを慰撫するような優しげなこの音、カナカナ、なのだもの。

ところで、虫の声をことばに置き換えて味わうのは、日本人の脳に特有の才能なのだそうだ。

『日本人の脳――脳の働きと東西の文化』（大修館書店、一九七八年）という本をお書きになった、東京医科歯科大学名誉教授の角田忠信先生によれば、日本語を母語とする人たちは、複雑な虫の音を左脳（言語機能局在側）で聴く。ことばとして聞き取るので、カナカナ、リンリン、ギチギチ、スイッチョンなどとことばに置き換えることが得意なのである。

欧米各国語やアジア各国語を母語とする人たちは、虫の声を、楽器や機械音などと同じように右脳で聴く。私たち日本人が、ヴァイオリンの音をことばでは描写できないように、欧米人は、ひぐらしの鳴き声をカナカナと描写することができない。そこにただ、音が存在するだけだ。したがって、蟬のように単調で音楽性を持たない虫の音は、ほとんどの民族の脳では雑音と同様に処理される。

**ひぐらしの羽音を癒しに変える教養**

一方、ひぐらしの音をカナカナと聴く私たちは、カナカナの語感を、ひぐらしのイメージになぞらえる。

カは、喉の破裂音。喉の奥を固く接着させ、強い息をぶつけてブレイクスルーする。喉の破裂音なので、口腔を素早く抜けていく息には、唾の水分がからまない。このため、硬く強く乾いた印象を呈するのがカの発音体感である。

強く硬く乾いたカに、舌が上顎を優しく撫でるナの組み合せ＝カナは、痛みを慰撫する、癒しの事象を髣髴とさせる。雑木林に響く無数のカナカナは、だから、強く乾いた夏の疲れを慰撫する、癒しのシャワーなのである。

　実際には、ひぐらしの鳴き声は、キニキニという金物を叩くような音にも聴こえる。試しにキニキニと聴き取ってみてほしい。かなり耳障りな金属的な音も含んでいるのがわかる。なのに、私たちは、あれをあえてカナカナと聴き取って、夏の終わりの癒しに変える。日本人の脳が自然に行う優しさであり、教養だと私は思う。

　ことばの音が与えられれば、語感のイメージがもれなくついてくる。呼び名が変われば、イメージも変わる。愛するひとに呼んでもらう名前は、慎重に考えたほうがいいのかもしれない。

# 甘やかな呪文

地下鉄で、知らない人が、私の首に手をかけた。

その日は不思議な日で、タクシーに乗る度に運転手が道を間違えるし、訪問先のインターフォンのチャイムも鳴らなかった（壊れていたわけではないのに、私が押すと鳴らないのだ）。かと思えば携帯電話がうまくつながらない、洗濯機のタイマーが調整できない。レストランでも、間違った皿がやってきた。

周囲と明らかに折り合いがついていない。私の意識と世界の間に油膜が張っている。ごくたまにそんな日が巡ってくることがある。最初は戸惑うが、一日の後半ともなると私はなんだか面白くて、不調和なことが起こる度に愉快な気持ちになってしまうのだ。私が老人になったら、こんな日が増えるのではないかしら、とふと思う。年老いるというのがこういうことなら、それはそれでなかなか愉快だ。

## 正しい世界に戻してくれるひと

さて、そんな日の終わりのことだ。がら空きの地下鉄で、私の脇にぴったりと立った大きな男がいた。

彼が、生き物ではないものを見るような目で私の首を見つめるので（それはまるで、売り場のネクタイを選別するような冷静な目つきだった）、私は落ち着かず、途中の駅で降りることにした。そのとき、降りようとした私の首に、男が手をかけたのだ。彼にはまるで、私の首しか見えていなかったようだった。首が行ってしまうから、首を止めようとしただけだ、そんな手のかけ方だった。乱暴な動作は一切なかった。男は私の首に気を取られたまま降りそびれ、ドアが閉まって動き出すと、ホームに残った私を追うように電車の中を数歩走った。

私は、降りたことのない途中駅を出て階段を上がった。見慣れたようであり、異国のようでもある都会の裏町に、霧雨が降っていた。さすがの私もちょっと気弱になって、大好きなひとに電話をかけてみた。彼の穏やかな声は、いつも必ず私を「正しい世界」に戻してくれる。ドアノブを握る前に、肘でどこかを触ってからだに溜まった静電気を放電するようなものだ。彼の声は、何かがスパークする前に、試してみる価値がある。

大好きなひとは、おやおや、と嘆いて、こう言った。

「魔力の使い方を間違えたんだね。この魔女さんは」

その一言で悪い「魔法」は解けた。タクシーは道を間違えず、肉屋は頼んだ通りのひき肉を出してくれた。帰ったら息子が、珍しく宿題を済ませていた。

それにしても、魔力ということばはとてもキュートだ。深刻な現実から、ほんの少し意識を離してくれる。私の心のギアのかみ合わせがふっと浮いて、それからカチンと正しい位置に戻る。私が彼の傍にいない以上、こうやって私を救うしかないものね。こういう小技は、男性脳のほうが得意だと思う。私の父も、深刻な事態を救う魔法のことばをいくつも持っていた。何事にも一生懸命な母は、そのことばの不謹慎さにときどき腹を立てていたけれど。

この世には、魔法がある。私は幼いときから、そう感じていた。私の感じる魔法は、いつもことばの周辺にあった。

## この世は謎に満ちている

「この世は謎に満ちていて、だから素敵です」

女学生だった私がそう進言したのは、ある日縁あってことばを交わした高位の僧侶だった。その方が、私にこう応えた。

「素敵なのは、この世が謎に満ちている、と感じるあなたの脳のほうです」

そのことばを、その場で咀嚼する能力は私にはなかった。私には、肩透かしをくったような気持ちだけが残ったのだった。

ずっと忘れていたそのことばを、二十年以上もの時を隔てて思い出したのは、アルキメデスじゃないけれど風呂場だった。私の息子が、風呂場で表面張力を発見したのだ。

「水って不思議だね。おいらが手を洗うとき、水はさらさらでしょう？　べたべたの手もさらさらになるでしょう。でもね、お風呂にお水を入れると、水はべたつくんだ」

「え」

「ほら、手のひらでお湯の表面をたたくとぺたぺたするよ。あとね、お湯の上に置いた手を上げようとすると、ほらお湯がくっついてくるでしょう」

「あ」

「おいら思うんだけど、水の表面は特別な場所なんだよ。水と空気の壁というのかな。そんな感じ」

「う」

一文字だけの間抜けな合いの手は、母親の私である。最後の「う」は感動の声だ。

十歳の息子は、その年頃の子どもたちの誰もがそうであるように、止まらない謎解きエンジンの持ち主である。生きている脳の迫力はすごい。表面張力を発見する、自律学習型ロボットを作ろうと思ったら気が遠くなるようなことだけど（物理学法則を発見できるロボットが作れたらノーベル賞は確実だ。今の人工知能の方法論では想像を超える）、人間の子どもは十年ご飯を食べさせたら、こうなる。

「きみはすごい。大発見だ。水がぺたぺたするのは、表面張力というのよ。液体には、一塊でいようとする性質があるの。だから表面のところで水を内側に向かって引っ張る力が働いている。それであなたの手が引っ張られて、ぺたぺたするような感じがするわけ。コップの上に水がほんの少し盛り上がるの見たことない？」

息子、少しだけ考えて、

「あるある。ママの大好きなビールね」

とにっこり。それはちょっと違うんだな、と訂正しようかと思ったが、気泡のことになると物理学的には複雑な話になりそうなのでやめておいた。

## 人生の最期に脳が感じること

気泡といえば、息子はこの少し前に、やはり風呂場で浮力も発見している。おならの気泡がぽこぽこ浮き上がるのを見つめていた息子が、

「ママ、おいら考えたんだけど、おならの空気は軽いから浮かぶわけだけど、水が押

しているって考えてもいいわけだよね？　ということは、水にはものを押す力があるんじゃない？　ものに浮かぶ力があるのとおんなじに」

私たちの脳は、謎に出逢い、それを解くエンジンだ。誰の人生も謎に満ちていて、誰もが謎を解きながら生きている。脳が謎に逢えなくなったら、それがその脳の停止するときに違いない。逆に想像するに、脳は停止するとき、すべての謎を解いたような愉楽に浸るはずである。

素敵なのは、この世が謎に満ちている、と感じるあなたの脳のほうです。

風呂場の扉を閉めながら、私は二十年以上も前に贈られたことばをかみ締めた。息子の謎解きに立ち会って初めて私は、その方のおっしゃったことの意味を知ったのだ。

大好きなひととの呪文で、悪い魔法の解けた、その夜の出来事である。

## 狢《むじな》ものがたり

一年中で一番、明るい月が出た。中秋の名月と呼ばれる満月だ。夕闇の路地裏に、影のグラデーションが出来上がる。濃い闇と、薄い闇。陰の中に、影がある。

「さぁてと」

月影の自分を見ながら私は、思わず掛け声をかけてしまった。ここから、凍るようなミントシャーベット色の月がかかる十二月の半ばまで、何かをゆっくりとあきらめてゆくような、知的な四分の一年が始まったのだ。

私は幼い頃から、何かをゆっくりと失う感じが好きだった。若葉の頃よりも、枯れ枝の風景が好き。心惹かれるひとと出逢って、多くの対話を交わして情を深め合う上り坂のときよりも、口にしようとしたことばを呑み込んで静謐になる、穏やかな下り坂が好きなのだ。

## 自分と違う脳を否定しない

私の大好きなひとは不思議な男で、出逢ったときから緩やかな下り坂だった。私は彼の前で、大切なことばをいくつも呑み込んで、とてもはにかみ屋になる。私たちの前では、どんなことばも余分に思えるからだ。

彼は、私のどんな認識をも尊重する。白を黒と言っても、けっして否定しないのだ。あえて黒と主張した私の心の動きを愛しむかのように、「あなたには黒に見えるのだね」と受け止める。それから私の見解を聞いて面白がり、やがて「あなたがそう思うのなら、それは確かに黒なのだ」と真摯《しんし》に認める。

そのことは同じ認識論者の私もまったく一緒で、すべてのものには本質と「見え方」とがあり、見え方については完全に見る人のものなのだ、と信じている。だから、たとえ幼子のどんな他愛のない見え方でも尊重するし、他人の見え方を否定することはまずない。そもそも、見え方のばらつきこそがヒトの脳の神秘なのだし、自分と違う見え方をする脳が私にはかえって愛しいのだもの。

なので、私たちの間で交わされることばは、実はとても少ない。彼が私の話を「ほほう」と聞き、私が彼の話を「そう」と聞く。互いの話の間には、それを味わうための沈黙がある。まるで、囲碁の対局か、禅問答か、老人会の茶飲み友達だ。ときにそれが物足りなくて、わざと間違った答えを言うのに彼がそれを包容するので、腹を立ててつっかかることがある。彼は、私をときどき子どものようで困ってしまうと嘆くのだが、本当は子どもじゃない、わざとなの。

## 男性と女性は違うものを見る

見え方を云々しあう恋人たちは、きっと饒舌に違いない。同じ対象物を同時に眺めていても、男性脳と女性脳はまったく別のものを見るのだもの、白か黒かの決着をつけようと思ったら一晩がかりでも終わらない。それはそれで楽しそうだ。ときに同じ見え方を持ち寄れば、とても理解し合えたように感じるだろうし、違う意見の相手を屈服させれば征服感もあるだろう。逆に相手の意見に押し倒されて、ひどく官能的な思いをする夜があるかもしれない。なんだかとてもエンターテインメントな感じ。羨ましくて真似してみるのだけれど、私たちはそういうふうになれない。対話が二往復するくらいで宙に消えてしまうから。結論の行方がなんだかどうでもよくなってしまって、どちらかがにっこりしてしまってお終《しま》いだ。

具体的な帰結を持たない私たちの対話には大きな欠点がある。抽象的な記憶は、女性脳にとって、離れ離れになったときにとても頼りないのだ。昨夜、冷たい雨の中を歩いているうちに、私の大好きなひとは本当にこの世に存在するのかしら、と急に不安になった。彼に電話をして、「あなたが実存するのかどうか、ちょっと確かめてみたくなって」と伝えたら、「それは、とてもいい質問のかたちだ」と嬉しそうに彼は言った。「それで、確かめられた?」「うん。またね」「うん、明日ね」。この方法論だと、電話も短い。

**意味文脈と情緒文脈**

対話には、意味文脈と情緒文脈がある、と私は定義している。その視点で言うなら、私たちの対話はひどく情緒文脈に偏っていることになる。そういえば、約束の時間や場所を彼はよく聞き落とす。明らかに意味文脈を作り損ねているのだ。

まるで呼吸をするように、情が行き交う。そのことだけを楽しむ対話は、まさに知の極みのようだが、逆にひどく動物的だともいえる。なぜなら、この対話は、相手がヒトでなくてもいい、動物とだってできるからだ。いや、生き物でさえなくたっていいのである。たとえばアート、たとえば音楽。この手法を使えば、月も街も木も風も、そう、階段でさえ対話の相手になりうるのである。

このことは、機械と人間の対話の研究をしている私を、本質的なところで打ちのめす。なぜなら対話は、個人の脳に内在して完結するもの、ということになってしまうから。豊かな人は豊かな対話をする。相手が豊かでなくても、だ。豊かでない人はそれなりの対話をする。相手が溢れるほどの豊かさを持っていても、である。

だとしたら、ロボットの出来がどうであろうと、人間とロボットの対話で生み出される情緒空間は、人間の器量に依存することになってしまう。つまり、ロボットの情緒性をどうにかするよりも、子どもたちの人間性をどう豊かにするかを論じるべきなのかもしれない。対話の情緒性を研究する、一人の母親である女としては。

## 対話は「私」と出逢う旅

さて、こう考えると、対話の情緒文脈は、自我のかたちを確かめる手法なのだといえるのではないか。私たちは、大切なひとと対話をして、自らの存在の温かさを知る。私たちは、屋上に続く細い階段と対話して、自らの存在の普遍性を知る。

これに対し、対話の意味文脈は、自我のかたちを他者に知らしめるためにある。私たちのスペック、たとえば金額や場所や時間、肩書きやブランド名や権利を私たちは意味文脈で語るのだから。

すなわちヒトは、情緒文脈で自我を内側から探り、意味文脈で自我を外に向かって顕《あらわ》すのである。ほらね、対話は「私」と出逢う旅なのだ。やられた、と私は舌打ちするしかない。基本的に、対話は他者あるいは他者の知識と出逢うためにするものと思い込んでいたから。だが、対話は自我のかたちを際立たせるための手段、「私」と他者を照応させるための手法なのだ。私は、対話の考え方を、根本から変えないわけにはいかない。

## 大好きなひとを失っても

いつか私は、私の大好きなひとを失っても、彼と対話をし続けるだろう。逆に私が先に死んでも、彼はきっと今とそう変わらない手法で私と対話し続けると思うのだ。だとしたら、今こうして、生身で相対している私たちの意味はいったい何なのだろうか。私たちは、なぜ生まれてきて、出逢い、手を取り合ったのだろうか。

一つだけ思うことがある。私が先に死んでしまっても、彼が残りの人生で私と対話し続けられるように、私はうまく彼の幻になりたい。

「あなたは、人間ではないね？　夢幻を見せる狢なの？」

彼が真顔で、そう尋ねてくれるまで。

# 神聖な責務

「息子さんには、脾臓《ひぞう》が二つあります」

風邪をこじらせた息子の肝機能が低下したので、腹部の超音波撮影をすることになった。その結果を見た担当医の見解が、これである。普通の脾臓の下にもう一つ、小さな脾臓があるのだという。

「何か、問題がありますか?」と聞いたら、「いいえ、ぜんぜん。ただの奇形です」と医師は事もなげに答えた。

私は、ちょっと愉快な気分になった。彼は、特別なのだ。それが人類の役に立つとは到底思えないことだとしても、私のたったひとりの子どもが特別だなんて、なんだかとてもチャーミングだ。

彼は将来、恋人に「僕には脾臓が二つ、あるのだよ」と囁くのだろうか。彼女は、冗談だと思って、あやふやに笑うだろう。彼は、真面目な顔で、さらに声を潜めるのだ。「本当だよ」、と。

## 異端は武器になる

この上なく私的な秘密を告白された彼女は、彼の背中を撫でながら、とてもセクシーな気持ちになるのに違いない。恋人の背中の下で、血が通っている二つの脾臓。自分の男が、特別である証のような気がして。

ヒトの情緒を研究している私には、ヒトの状態や行為の揺らぎが面白い。皆と同じようにできない個体が愛しいのだ。

だって、標準規格品を作るのが、本当は一番たやすい。ちゃんとしつければ、息子をそこそこの好感度の男にしてやることは不可能じゃないはずだ。十歳にして二十五・五センチのスニーカーを履く彼は、十八歳までに身長百八十センチを超えるだろう。ハンサムかどうかは意見の分かれるところだが、黒目がちの瞳はＰＴＡのお母さんたちには好評である。それに何より、女の扱いがすごくスイートなのだ（彼は二歳半のときに、「なぜ、自分でお箸を使わないの？　保育園ではちゃんと食べてるって、ネタが割れてるんだからね」と怒り狂う母親の手を悠然と取って「こんな綺麗な手が近くにあるんだよ。食べさせてもらいたくなるに決まってるじゃない」と言ってのけた大物だ。成績がよくたって社会的に尊敬されたって、女にモテなかったら、生物学上あなたがオスとして存在している価値がないのよ、と一歳のときから言い聞かせてあるからね）。成績はまあまあで、読書量が多く、機械ものに強い。かけっこは速くないけど、水泳は得意だ。

その、「普通」の息子に、二つの脾臓。これは彼にとって武器になる。そこそこの印象に終わらせたくない相手には、言えばいいのだもの。「僕には脾臓が二つ、あるのだよ」と。

**病にも効果がある**

この秋の終わり、私は長引く風邪に悩まされている。日に日に声が弱っていく。こもる鼻音と、かすれる咽頭音。発音の切れはどこかに行ってしまった。

そうしたら、思いがけない効果があった。大好きなひとが、とても優しいのだ。「かわいいね。声が甘ったれてる」そう言って笑う。

彼の名前には鼻音が二つ入っているので、私が彼を呼ぶ声が甘えたようにもたつくからだろう。そして、私の名前には咽頭音の「ほ」があるので、自分のことを名乗るときには、かすれて弱々しげになる。そのコントラストが、効いたのかしら。今月は、私が多少増長しても、彼はひたすらとろけるように優しい。

そもそも、ひと月以上も続く咳のせいで憔悴しきってしまった私に、「女の人がやつれている、って、けっこう好きなのだよ」と嬉しそうに告白した彼は、ヒトの感性を論理世界に持ち込んでいる研究者だ。ヒトの行為を数学を通して見つめている彼も、やっぱり「はみ出す」個体を愛しがる。私が咳き込んで鼻を垂らしても、ぜんぜん怯《ひる》まず抱きしめてくれる。街を行く、健康な若いお嬢さんたちの太腿に見向きもしないで（というように見えるのだけど……）。

## 愛するひとの綻びはチャーミング

病んでいる、とか、異端である、ということ。当然の成り行きを裏切る、時空の綻びだ。他所にあるものが、突然傍らにやってくる。私の声が彼の耳にしなだれかかり、息子の脾臓が私の胸に飛び込んでくる（息子が生まれてから今まで、ついぞ思い至ったことのなかった彼の脾臓が、である）。脳に直接切り込んでくるそれらの感性イベントは、皮膚の接触よりももっと深いところを刺激する。愛するひとの綻びは、だからチャーミングなのだ。

情緒を制御しようとするなら、理路整然と流れていく意味文脈に対して、どのような綻びをつくるかは、重要な課題である。

完璧なまでの強さや美しさに、ほんの少しの綻び。その綻びを隠そうとして、覆った掌から零《こぼ》れ落ちる弱みの、なんと官能的なことだろう。本体を包み込み、見るものを慰撫する情緒のオーラだ。

しどけなさ、ということばがある。通常、否定的な意図で使われる形容詞だが、綻びが情緒を揺すり出す状態を表すのには、一番近いのではないだろうか。惚れた相手のしどけなさに搦《から》めとられたら、動きがとれないもの。つまり情緒文脈で考えれば、綻びはけっして悪いものではないのである。皺にも白髪にもしみにもめげずに生きていこう、っと。

## 解《ほど》く名前、結ぶ名前

さて、実は、私は生まれつき小さな綻びを持っている。正確には、綻びというより、綻びを作り出す、解く呪文だ。私の名前、いほこ、という音である。

いほこというのは、不思議な名前で、呼んだ者の心を解いてしまうのである。舌に強い前向きの力を加えるイに、肺の中の息を全部出しきるホが連なるおかげで、この名を呼んだ人は息が足りなくなり、一息つくことになるからだ。

私を叱る大人たちが、私の名を呼んだところで「ふぅ」と一息つくので、怒りのボルテージが上がらない。何かを思い詰めていた母が、帰宅した私の名を呼んで、その瞬間に柔らかく解ける。緊迫した用件の電話なのに、私の名を呼んだ友人の気持ちがほろりと解けてしまう。そんな「開け、ごま」を、私は小さなころから幾度となく見つめてきた。解けた気持ちに魔が入るといけないので、私はできるだけ穏やかにことばを紡ぐようにしている。解く名前を持つ者の、神聖な責務として。

ところでこの名、ありそうなのに、人名辞典には載っていない。穿《うが》った言い方を許してもらえば、これは、夢幻を見せる危険な名前。やたらヒトに使ってはいけない名前なのかもしれない。私の両親は、どんなインスピレーションを得て、このような特別な名を私につけてくれたのだろうか。私は、この名のお陰で、普通では見えないものを見て生業《なりわい》にしている。人生そのものを、この名前にもらったようなものなのだ。

そうだとするなら、この世には、解きの逆、結ぶ名前を持つ人もいるのに違いない。その人は、どんなものを見つめて育ったのだろう。何よりその人は、どんな名前を持っているのだろうか。

# 家族の風景

今朝、私は懐かしい裏切りにあった。

雑巾である。私の母は左利きで、雑巾の絞り方が私と逆になる。なので、母が絞った雑巾を私がさらに絞ろうとすると、はらりと解けるのだ。きゅっという確かな手応えが返ってくるはずの手元に不意の解放感があって、私ははっとする。大袈裟だけど、まさに裏切られた感じがするのだ。

けれど、久しぶりに郷里に帰った娘としては、それは実に懐かしい感覚になる。ああ母の傍にいる、としみじみ思う。そうして次に、してはいけない想像をする。いつかずっと先、母が逝ってしまった後に、母の残した雑巾に「裏切られたら」どうしようと私は怯えるのだ。逆絞りの雑巾は、母以上に母の存在感を見せつける。私は失ったものを抱きしめようとして、緩んだ雑巾を手に途方に暮れるだろう。

それは雑巾に限らないのかもしれない。糠床《ぬかどこ》の指の跡、新聞紙の揃え方、玄関の整え方、云々云々。母が管理する故郷の家の風景は、そのまま凍結して永遠にしまっておきたいくらいに私の原風景のままなのだから。

## 「いえ」の正体

最近やっと「いえ」というものの正体が見えてきた。そこで暮らすひとたちの存在感で満ちている。その存在感の総体が「いえ」なのだ。家屋がいえになるには、長い時間がいる。

今朝は、なぜだろう、母の雑巾を手にした後、そういうえの風景を一つ一つ確かめて、私は「いえに棲む女」になりたい、と切望した。中年女というのは、我ながら不思議なことを考えるものだ。

こんなことを考えるのは、子猫を飼い始めたからかもしれない。スコティッシュフォールドと呼ばれる、おっとりした人懐っこい猫種の女の子。連れて来た日のうちに居心地のいい場所をさっさと見つけて、のびのびと暮らし始めた。あっちの陽だまり、こっちの隅と、寝そべるによさそうな場所を見つけては、まどろんだり、揺れるカーテンを眺めたりしている。

彼女の好きな場所に寝転んでみると、これが面白い。うちはいいいえだとしみじみ思えてくる場所なのだ。たった七百グラムの子猫に、私はいいえの感じ方を教わったのである。

## 女は「いえ」になり、男は「かお」をつくる

いえは、整えるひとに似る。母の整えるいえはいつも清潔で温かく、学校から帰って家が散らかっていたことなど、ただの一度もなかった。消耗品が切れたこともなく、暮らしの工夫がふんだんにあって、季節を気持ちよく回していた。思春期のころは、母の優等生ぶりが鬱陶しく、いえを出ることばかり考えていたものだ。今は、お手本に感謝している。

私の整えるいえは、こんなふうにはいかない。息子の同級生（女子）によると、「く

ろちゃんちは、なんとなくロマンチック。けどさ、リボンもフリルもないくせにロマンチックなんだよね、不思議。壁いっぱいの本棚のせいかなぁ。別に、どこがきれいっていうわけでもないしねぇ」だそうだ。まるで、私の女としての評価を聞いているみたいで、なんとも可笑しい。

女がいえになるのなら、男は何になるのだろうか。雑巾を改めて固く絞りながら、私は考えた。

裏切り、といえば、最近わかったことがある。他人を裏切る人は、他人の裏切りに怯える。嘘をつく人は他人の真実を、不貞を働く人は他人の誠実を常に疑っている。そして何より恐ろしいのは、大人になると、それが顔に出ることなのだ。

私の大好きなひとは、公明正大な顔をしている。私の真実と誠実を微塵《みじん》も疑ったことがなく、翻って彼自身の真実と誠実を見失うこともない、誇り高い男の「かお」。私はこのひとのかおが大好きなのだ。そうか、暮らしの積み重ねで、女はいえになり、男はかおをつくる。四十過ぎると人間はシンプルだ。

いつか、大好きなひとのために、いえになるのもいいかもしれない。いえに棲み、誰も裏切らず、嘘もつかない。ということは、誰を疑うこともなく無邪気に暮らせるということだ。そのいえにいいかおの男が帰ってくるのなら、女にとって、こんな幸せな暮らしがあるかしら。な〜んだ、女の幸せって、とっても古風なことだったのね。

さて、雑巾の逆絞りは、私の息子に遺伝した。息子も左利きなのだ。箸を右手で扱う母と違って、彼は、おもちゃのピストルの引き金も右手で引けなかった真正の左利きだ。

その彼の通信簿には、ずっと「字を丁寧に書きましょう」とあった。そりゃ無理でしょう、と母親の私はその度に呟く。だって、左利きの人間は、右利きの先生が書く字を真似することになるのだ。それがどんなに難しいかは、複雑な折り紙を対面で教わることを想像すればわかる。それだって、右利き同士なら、頭の中で手も対象物（折り紙）もまったく逆に置き換えればいい。これに対し、左利きと右利きの場合は対象物だけが正方向だ。手と対象物の新たな関係性を脳の中で構築しなければならないのである。だから、右利きの先生の手元を見つめる左利きの小学生の頭の中で起こっていることは、けっこう複雑だ。緩んだ雑巾を絞り直す（右利きの子たちならきゅっと絞って終わりなのに）くらいのタイムラグが生まれるだろう。そんな彼に、ゆっくり丁寧に字を書いている余裕は、今のところないと思う。

## 左利きが個性的な理由

それにしても、左利きの脳で世の中を見るということは、どんな感じがするのかしら。私が、彼らの雑巾に裏切られるように、彼らは、日常のさまざまな事象に裏切られている。皆がスムーズに抜けた自動改札で、左手の切符を右側のスリットに通すためにもたついてしまう。左手ではガスレンジの点火ダイヤルを回すのも難しい。

そして、その日常の裏切りの積み重ねが、彼独自の思考術をつくり上げたようだ。他人の所作を自分の所作に再構築するように、入力情報を自分の見解に再構築する。見たことや聞いたことを自分なりのことばに焼き直すのである。けれど、この世の真実を小学生のことばに置き換えられると、これが非常に重いのだ。

「ママ、家族って何だと思う？」

働く母親に突きつけられたこの質問は、こう続いた。

「毎日一緒にごはんを食べるのが家族だと思う。うちは家族じゃないよ」

## 家族になる、ということ

我が家は、昔ながらの職人たちが住む下町エリアにある。皇室御用達の傘やバッグ、靴やベルト、帽子、釦《ボタン》。その部品問屋と、組み上げの家内制手工業の家屋も周辺に累々と並ぶ。ほとんどが家族経営で、仕事場と住居が同じビルの中にある。そのためこの地域の子どもたちの過半数が、朝晩（夏休みなら昼も）家族全員で食卓を囲むのである。

息子は、それを見て家族を感じると主張した。私は深く納得した。地方に出向くことも多い働く母親には厳しい要求だったが、とにかく朝ごはんだけは一緒に食べることにした。朝六時の飛行機に乗るときは、四時半に食卓を囲む。

けれど最近、彼はこれを主張しなくなった。子猫が来てうちが普通のいえになったから、と彼は独り言のように言った。本当に不思議なことだけど、生後二か月の子猫は、まるで百年もここに住んでいるかのようにこの家の風景の一つになった。そうして、一気に我が家がいえになったのだ。家族の存在感で満ちていて、食卓の風景を無理して作ることもない。これは画期的な出来事だった。外猫だったその家の女が、いえになりたいとまで切望したのだから。

昨年の同じ時期に一緒に過ごした猫ロボットには、残念ながらこの効果はなかった。工学で作る情緒の限界を思い知るべきなのかもしれない。

# 降り積もる思い

光が戻ってきた。立春を過ぎると、寒さを慰撫するかのように、弾む陽射しが街に差し込む。まるで、大人の男が果たしてくれる約束事のように、ささやかで確実な繰り返しだ。

ここ数年、私はこの陽射しに出会うと必ず父を思う。なぜか四十代の、人生で一番タフな時期の父の笑顔で、そんなシーンはこの陽射しだけが見せてくれるものだ。大人の男が家族に果たす、一つ一つはささやかだけど、でも確実な繰り返し。こっちは忘れているのに、判で押したように戻って来る早春の陽射しに似ている。冬の風景を愛している私には、ちょっと煩《うるさ》い陽射しでもある。そのうっすらと刷毛《はけ》で刷いたような煩わしさがまた、父娘の風景に似ているのかもしれないけれど。

## 大人の男のささやかな繰り返し

幸せなことに、私は、男たちの「ささやかな繰り返し」を疑わない。それは、父のおかげだ。父は、母がどんな理不尽な行動を取っても、「この家は、母さんが幸せになる家だから、それでいい」と言い切っていた。このセリフは、あまりにもカッコよかった。そして、子どもだった私に、一つの真実を教えてくれたのだ。仕上がりのいい大人の男は、妻と決めた女の「正しさ」なんて、いちいちはからないのだということを。一度チームを組んだら、評価なんかせずに、繰り返し繰り返し責務を果たす。

父のセリフは、私にある種の伸びやかさをくれた。私には、よくよく考えると大好きなひとに愛される明確な理由は何もないのだけれど、彼のささやかな繰り返しが永遠に続くような気がしている。なんとなく。

確かに、脳科学的にも、自分を信じる女子どもをなかなか裏切れないのが大人の男だ。だから、私が信じている限り、きっと彼は温かな繰り返しを与え続けてくれる。他に気を取られることができて、繰り返しが多少間遠になったとしても。

## 向上心の罠

　男と女の問題は意外に簡単だ。一度情が通じた仲なら、女が信じて過多を望まなければ、たいていの男女関係は破綻しない。難しいのは、女が信じるのは相手の男じゃない、「自分」だってことなのだ。自分に降り積もる、好意の繰り返しをなんとなく疑わない、そういう反教養みたいなものが女には必要なのではないだろうか。

　もしも女の子を授かったら、男は美しいから、あるいは賢いから女を愛するわけじゃない（美しいから振り返る、はあるかもしれないけれど）、女が男の繰り返しを、おっとり信じているから愛し続けるのだということを教えてあげよう。

　考えてみると、母の世代までのこの国の女たちは、そのことを知っていたのではないだろうか。母は誰とも争わず、機嫌よくいえを守っていた。私たちは、男女雇用均等法の前夜世代で、女も男社会で勝ち抜いていかなければ意味がない、と教えられてしまった。そのせいで、この世代の女たちは、何かで秀でなければ愛され続けることができないと思い込んでいる。キャリア・ウーマンと呼ばれて高収入があり、おしゃれをして実年齢より十歳も若く見え、それでもまだ自分を磨く何か、他者から抜きん出る何かを探している。と同時に、ここまで手にした成果の分、大切にしてもらわなきゃ割が合わないような気がしている。

だけど、彼女たちは、本当に大人の男たちの繰り返しに気づいているのだろうか。直接には何も求めない、高潔な男たちのささやかな繰り返し、降り積もる好意の数々に。

**幸福な質問、ふたたび**

「ちょうど今ごろの陽射し、なのだよ」

春先の戻ってきた光を見つめながらコーヒーを飲んでいた私に、私の大好きなひとが言った。

「あなたの幸福な質問の話には、肝心な部分が欠けている」

〝幸福な質問〟とは、かつて私が雑誌に載せたエッセイのタイトルである（この本にも登場している）。

ちょうど一年前、私が私の大好きなひとに「かめのぞき、って、どんな色だと思う?」と質問した。瓶覗《のぞ》きは古代色の一つ、藍の淡い色合い（ターコイズ・ブルー）だ。よく使い込んだ藍染の瓶の内壁に、光が差し込んだときの色であり、藍に布をくぐらせただけで創り出す淡い染め色を指すのだそうだ。

彼は、ほんの少し黙った後、「薄いグレー、だろうか」と答えたのだった。彼の答えは正解ではなかったけれど、とても素敵な解説がついた。

「のぞき、というぐらいだから、光が織りなす色彩だと思った。だから、影の色を選んだのだよ」

私は、彼の知の手法に触れて、とても幸福になった。そんな話だ。

**光の中に、あなたがいたから**

その「幸福な質問」が、一年後、ある女子大の入試問題になった。

彼は、私たちの私的な会話が可憐な受験生たちを悩ませたことをひとしきり楽しんだ後、

「肝心な部分が欠けている。ちょうど今ごろの陽射し、なのだよ」

と言ったのだった。

そう言われて、私は思い出した。あの日、早春の弾むような光が、私たちの足許に斜めに差し込んでいた。私は彼のことばにすっかり魅了されて、風景などとうの昔に忘れていたのだ。しかし彼は、その光を書かなくては話は完成しない、と主張する。

「その光の中に、あなたがいたから、あの答えがあったのだからね」と、小学生の娘を諭すように私に言う。私は素直に、うん、と応えて小さなため息をついた。あまりに幸福で、肺に入りきらなかった小さな息だ。彼の脳裏に降り積もる光景があり、その中に私がいる。大人の男の、ささやかな繰り返し。

「あの陽射しは、心に降り積もる風景だものね」

そう私が言ったら、彼はゆったりと、こう応えた。

「降り積もらないものはないのだよ。私にとっては」

このひとの脳が愛しい、と思った。このひとの脳には、風景が降り積もる。私の脳にはことばだ。彼は秀逸な男性脳で空間認識を操り、私の女性脳は時間の流れをたどる。私は彼のことばに風景を感じ、彼は風景の中に私を見る。

同じ出来事が、こんなにも違うかたちで残る二つの脳。そして、どちらの脳にもしんしんと降り積もる思いがある。この世に男と女のいる幸福を思わずにはいられない。

# 紅《べに》を放つ

花芽を持つ寸前、桜の樹肌が鮮やかな紅に染まる瞬間がある。

厳寒のやっと緩むころ、すべらかな枝々が匂うような紅色になるのだ。桜並木なら、一帯が紅色の靄《もや》に包まれたように見える。正確に観測したことはないけれど、樹ごとにほんの一日か二日の出来事だと思う。

もちろんそれは、枝の表面に紅を塗ったようになるのではなくて、眩しいほどの強い光で枝を透かして見たときに現れる光の色彩だ。若い人たちの耳たぶを強い逆光で見ると鮮やかな紅色になる、それと同じことだと思う。これから花芽に吹き込まれる紅が枝の表層に集まっている。それを光が解き放つのだろう。

人に話しても「そんな光景は見たことがない」と言う方がほとんど、「そうそう」

と相づちを打つのはごく少数派だ。けれど、染色家は花を持つ寸前の枝を煮出して布を染めるのだという。桜染めは花弁ではできないのだ。やがて花弁に与えられる紅が、その前に枝の表層に密に集まっていても不思議ではないような気がするのだけど、そんな解釈は非科学的かしら。

紅を放つ、桜。花芽を持つ寸前の桜の樹に、強い逆光で出逢ったときだけに見ることのできる奇跡の光景である。今年、紅を放つ桜を、私は仕事で赴いた尾道で見た。港近くに一本きりで立つその樹は、あまりにも官能的だった。そして私は、本当の桜の絶頂がここにあることを知ったのだ。花は結果にしか過ぎない。花を賞賛されても、桜たちは静かに眠るだけだ。本当の仕事をする男たちがそうであるように。

**大人の男の壮大なラブレター**

この春、私に、ある地方都市プロジェクトの要を担ってくれないか、という提案が持ち込まれた。私の肩書きの一つ、事業コンサルタントの経歴に加えるのにはけっして悪い話ではなかった。ところが、私の仕事には無関心だと思っていた私の大好きなひとが、この話にはとても抵抗したのだ。

「あなたでは、そのプロジェクトはめちゃくちゃになるぞ。普通の人たちは、私のようにはあなたに耐えられないからね。先方が気の毒すぎる」

失礼ね、と憤慨したものの、私にもその意見に賛成する十分な根拠があった。非常に政治的な戦いを余儀なくされるであろうその役目に、私では機知が足りない。全体を見渡すことは得意でも、個々の事実、すなわち人の目論見を看破するということが元来苦手なのだ。羅針盤がたとえ精緻《せいち》でも、もみくちゃになれば目標を見失う。迷惑なのは確かに先方だ。というわけで、この提案はお断りした。

「私が東京からいなくなったら、あなたが、静かにさびしがる。そう思ったら、なんだか涙が出ちゃったの。だから、断っといた。えらい？」

私の三行の報告メールに、彼も三行の返信をくれた。

「あなたがもてあそばれるのは、私は悲しいからね。ただし、それが本当にあなたの意志の一つだったとしたら、申し訳なかったけれど」

さびしい、に、悲しい、を返す、なんて。私はパソコンの画面に向かって姿勢を正してしまった。なぜなら、この三行は、大人の男の壮大なラブレターだったから。「寂しい」と「悲しい」は、視点が違う。「寂しい」は、自分を思う気持ちが勝つことばだ。自分が思念の中心にいて、自分を慰撫してほしいときに使う。一方、「悲しい」は相手を見つめる視点で発せられる。すなわち、自分の孤独は「寂しい」けれど、愛するひとの孤独は「悲しい」のである。

私が彼の仮想未来の寂しさを悲しがって出したメールに、彼は私の仮想未来の苦しみを悲しがって返事をくれた。これはけっこう粋な返歌じゃないかしら。ま、彼がまだ青くて、素直に寂しいって言えないだけかもしれないけれど。

**「悲しい」は「愛してる」以上に思いを伝える**

語感的には、カナシイは、ちっとも悲しいことばではない。喉の破裂によって強く硬い印象を作るカに、舌が上顎を優しく撫でるナ、舌の上を優しく息が滑るシの組み合せ。さらにシは、口元にしぶきを作り出し、光のシャワーを髣髴とさせて、光拡散のイメージも持つ。

つまり、カナシは、強い刺激の後に、覆うように降りてくる優しい癒しと、美しい幻想。悲し、哀し、愛し……日本人は、古来、さまざまな漢字にこの読みを与えた。しみじみとたゆたう情緒に与えた音韻だったのだ。

切ない思いを表すことばに、痛みを癒す語感を添えたのは、いったい誰なのだろう。その優しさを思う度に、私は、人間という存在を愛さずにはいられない。

先のメールを、だから私は、壮大なラブレターと呼んだのだった。

サビシに返された、カナシの三音。覆うように降りてくる優しい癒し。大人の男の「悲しい」は、「愛してる」以上に、深い思いを伝えてくれたのだった。

このメールを、私は旅先で受け取った。尾道の、紅放つ桜に出逢う直前である。だからその紅に照らされて、私は大好きなひとを思うことになった。彼の紅（思い）を、今回のように強い逆光が見せてくれることがある。彼の思いはすべらかな枝の下に脈々と流れていて、でもまだ花芽にはならない。私に対する思いも、彼自身の人生に対する思いも。

私は、彼の紅放つ時をゆっくりと楽しみたいと思う。時に彼は、仕事のために花を咲かせるのだけれど、事業の一つや二つじゃ彼の紅は使い切れない。私は、彼の枝下の紅を慈しみ、時に逆光に匂い立つ紅に官能を託し、ゆっくりと歩いて行くことになる。

私のような理解者を得て「あなたって、本当に幸せな桜ね」と思うのだけれど、彼はぜんぜんそうは思っていないらしい。尾道の桜が、私がいなくても何十年も紅を放ってきたように、彼もただただ紅を放つだけなのだ。誰に見せるつもりでもなく。ま、だから、惚れているのだけれど。

# 憂いの魔女

雨の日には、大好きなひとの腕の中で一日中寝ていたい。ただ黙って、男の呼吸の舟に揺られたい。窓に当たる雨音や、樋《とい》から落ちて敷石に染み込む雫《しずく》の音、通りを走る車の轍《わだち》が水溜りを分ける飛沫の音。水の音が作る小さな宇宙の中に、私たちがいる。私たちは、世界でたったふたりの住人になれる。

……といいな。雨の日には一回、必ずそう思う。思うだけ、だけど。

## 大好きなひとと住む家

遠い将来でいい。雨の降る日の音が、住む人を包むカプセルになる家を持ちたいと思う。そうして、立ち居振る舞いの静かなひとと、寄り添うようにして暮らすのだ。

晴れた日はからりと素っ気ない家で、風の通り道にはサラサラと光にそよぐ植物を置く。雨の日は甘やかな憂いに満ちた閉空間になる。その素っ気なさと憂いの中で、散文詩のような対話を交わそう。

さて、その家がどんなビジュアルになるのか、実は私には想像もつかない。日本家屋なのか、アジアン・リゾートのコテージ風になるのか、モダンアートの作品みたいなアパートメントになるのか。だけど、音による空間イメージだけは明確にある。

そのような「かたちのない家の想像」は、ときに話した相手を戸惑わせるみたいだ。私の空間認識は、音と匂いに偏っていて、次に触感、視覚が四番目に来る。なので、他人にその感性認識を伝えるときにとても苦労する。

住まいの話になっていきなり「雨の日に、甘やかな憂いのカプセルになる家がいいですね」と言ったら、この人どっかネジが外れてる、と思われる。気を遣って「屋根に当たる雨音っていいと思いませんか？」なんて振ると、話がどこへ行ったのかと怪訝な顔をされるし、「空間と音の関係」なんて言い出すと理詰めの食えない女みたいだし、何より着地点まで気が遠くなるほど遠い。

このような、視覚認識や「常識」を第一義としない私の紡ぐ対話は、ときに人を混乱させるらしい。

## 情緒文脈スイッチという魔法

商談などで、「私の脳が感じること」の話題を持ち出すと、それまでの文脈とそぐわないので、他人の話の腰を折ってしまうことになる。意味文脈が情緒文脈にスイッチングしてしまうからだ。この切り替えが起こると、意味文脈の元の位置に戻すのは至難の業だ。ましてや、その日のメインゲストが情緒文脈に没頭してしまうと（たとえば「あなたは、風の音をどう思う？」とか「晴れた日の午後の、障子の微かな軋《きし》みの音に気がついているか？」とかに対話が滑ると）、意味文脈で対話を進めていた人の「起承」が宙に浮き「転結」が封じ込められて、心底恨まれることになる。

だからといって、意味文脈の起承転結が終わった後に、理解してくれそうな方にだけ、そっとふたりきりの対話を持ちかけると、今度は周囲の疑心暗鬼を誘ってしまうらしい。

どんなに気を遣っても、正統派の意味文脈プレイヤーには、情緒文脈は理解不能な搦《から》め手の手法に見えるようだ。私が、彼らの目の前からメインゲストをさらってしまったのがいったいどんな手だったのかわからないので、恐れ、疑心暗鬼になり、何とかして葬り去ろうとする。私を、というより、理解できない何かを、だ。

若いころは、なんでそんな大事になるのか、皆目わからなかった。私の創る情緒文脈は、一期一会の「ここでしかできない話題」を提供したいサービス精神と、他人はどう感じているのか確かめたい好奇心とで持ち出すだけなんだもの。「他人と私が違うことがそんなに悪いこととは思えない。私は、誰かが私と違うことを理由にその人を疎外したことはないもん、悪びれる必要はないわ」と、ずっと思っていた。

私の大好きなひとは、私の情緒文脈スイッチングを「魔法」と呼ぶ。私が、うっかり好奇心を抑えきれなくてこれをやると「やたらと魔法を使ってはいけないよ」と真剣に心配してくれるのだ。私が誹謗《ひぼう》中傷に巻き込まれると「魔法を使ったんだから、しようがないね」と諭される。まるで、往年の人気TVドラマ『奥さまは魔女』のダーリンだ。「ほんっと、ここが中世のヨーロッパだったら、きみは今ごろ火焙《ひあぶ》りの刑だよ、サマンサ」

彼が、一般社会での私の魔法の乱用をダーリンのように憂えてくれるお陰で、私は、ようやく、自分は悪いことをしているのかもしれない、と思えてきた。自分の視点を素直に表現しているだけなのに、悪いわけだ。同じ視点も、こうやって文章にしたり講演で話せば評価されて仕事になるものなのに。その決定的な違いは、対話じゃないってことだろう。私の情緒文脈を味わってくれるひととのふたりきりの対話以外、この魔法を使わないこと。第三者を翻弄したり威嚇したりしないコツはこれしかないみたい。やっぱり、まるで『奥さまは魔女』のサマンサだ。

けどね、最近、彼があんまり私の魔法を悪く言うから、私がTVの画面に向かってダーリンに呟いていたことばをあえてここで言おうっと。

「サマンサの魔法で、けっこう助かってるくせに、よく言うよ」

魔法はサマンサの最大の資質なのだ。それを使わずにいろというのは、手を縛って美味しい料理を作れというようなものでしょう？

ときどき、いっそ意味文脈が疎ましくなって、いっさい口をつぐみたくなる。電話にも出たくない。雨のカプセルにひとりで閉じ籠っていられたら、どんなにいいかしら。

**松尾芭蕉は語感の天才**

象潟《きさかた》や　雨に西施が　ねぶの花（松尾芭蕉）

秋田県象潟での芭蕉の句である。ねぶは、夏に化粧刷毛のような淡いピンクの花をつける合歓《ねむ》の木の異名だ。降りしきる雨に佇む、夢幻的な花の姿を、中国の伝説の美女・西施に喩えた美しい一句である。

最後の五音をネムノハナと詠めば、甘い鼻音が四つ（ネ、ム、ノ、ナ）も並び、西施は、優しく甘やかな美女として歌い上げられるところだった。ところが、芭蕉は、あえてネブノハナと呼び、破裂音系濁音の野太い乱れを作った。

西施は、王を惑わす目的で、敵国に献上されてしまった絶世の美女である。目論見通りその国（呉）は滅びるが、国を乱すとして、彼女の故郷の越は再び彼女を受け入れはしなかった。筆のような房状の合歓の花が、雨を含んでぽってりと滴るようすは、憂い顔の美女を思わせて、芭蕉にこの句を詠ませたのだろう。

この語感の天才は、一国の政治を乱すほどの女、西施の迫力には、ネムよりもネブのほうがふさわしいと見たのに違いない。そのセンスには、舌を巻く。たった一文字の違いで、優しく甘やかな美女が、深い憂いの魔女に変わり、しっかりと夏の雨の中に立っている。

# 美しい水

大好きなひとの気持ちを測りかねて、途方に暮れるときがある。若いころはそんなとき、ことばが溢れて止まらなかったのに、今はことばが消えてしまう。不思議なことに、脳の待ち行列から、ことばがふっつりと消えてしまうのだ。

ことばが消えると、文脈が消える。これまでのいきさつもこれからの思惑も何もかも消えて、私はただことばを失うのだ。不満でもなく、不安でもなく。

私の大好きなひとは不思議な男で、私がことばを失うと、一緒にことばを消してしまう。穏やかな気配のまま。敵意でもなく、放棄でもなく。

## 倦怠期の中年カップルはことばを失う

若いころ、恋人の隣でことばを失うというのは、言いたいことが溢れて何から言い出したらいいか迷うからだった。なので、胸の中は、不満と不安でいっぱいだ。隣の男も、私の不満に敵意を表し、私の不安を放棄して黙り込む。

ところが今の私は、まったくことばを失うのである。どういうことかというと、そもそも「なぜ、途方に暮れたのか」さえもわからなくなってしまうのだ（もしかすると、単に呆けたってことかしらん）。

この状態に入ると、私たちは宇宙空間に投げ出されたみたいに、「心地よく」途方に暮れることになる。そうしてしばらく漂った後、どうやって対話モードに戻ろうか、お互いちょっと悩むわけだ。このときの発話のタイミングとことばを間違えると、また宇宙空間に投げ出されることがあるからね（傍《はた》から見たら、倦怠期の中年カップルにしか見えないと思うなぁ。あ、けど、そうかもしれない。倦怠期って、こういうことだったのかも……）。

## 「世の中」を究極にまで抽象化する方法

さて、そんな「宇宙空間」で、私はときどき、水、を思っている。森羅万象を、水、で考えてみるのである。

生物は半透膜で包まれた水の塊である、と考えてみるのだ。他のすべての機能は、この際、一切無視する。動く水の塊（動物）と、動かない水の塊（植物）とがあり、水はいずれかの生物の中に一時的に留まりはしても、大局的には、ただ通り過ぎるだけである。

生物を通り過ぎた水は、水蒸気となって風になり、無機質の大地をくぐり抜けて、やがてまた生物のからだに戻る。森羅万象とは、その繰り返しに過ぎない。何も増えない、何も減らない、壮大な水の循環である、と。

人の思いが複雑に見えてしかたがないとき、私はそうやって世の中を見る。そうすれば、生きるということは、とても簡単になる。ただ、水を失いながら、水を取り込む反復運動に過ぎないのだもの。

水の塊である私に起こることは、振動と波紋だけだ。人のことばを振動で聞き、自分のことばを波紋で見る。心地よい音は、私の水に、美しい波紋を作る。心地よい空間、心地よい食事、心地よい触れ合い。すべて、私の水に起こる振動だ。私は、ただ、その美しい波紋が広がるのをゆっくりと味わう。

波紋の美しさで、今、必要なものを知る。今、必要なものだけを身の回りにおく癒しがある。この知性をくれたのは、私の大好きなひとだった。

彼は、私が出逢った数少ない「素の水のひと」だ。嫌なことはしない、言い訳もしない。何の容器にも入っていない、素の水をさらけ出している。水を取り込み、水を失う静かな生物。非常にシンプルだ。

そのせいで、彼の水に広がる波紋を、私はそのまま感じることができる。初めてそれに気づいたとき、このひとはなんて、美しい水、なのだろうと思った。

私は、ときに彼の水が欲しくて、彼の呼気を吸ってみることがある。本当にささやかな水蒸気。猫のように顔の周りでくんくんするので、彼は笑うけど。

ところで、よくよく観察してみると、彼は私以外の人には、けっこうサービス精神があってスマートなのだ。公的な場所にいるときの彼の水は、カッコイイ袋に入っている。嫌な顔一つせずに美学に反することも（必要なら）やるし、よその女の人には口数も多い。私にだけ、とことん怠惰なのは「どういうこと⁉」と腹が立ったこともあったけど、素の水のぷるんとした風情で私の傍にいる彼を見ていて、あるとき私は気づいた。

おとなの男の怠惰は、愛情と同義なんだってこと（！）。

## 男心の正体

男の正体は億劫《おっくう》がりなのであって、女の誹《そし》りを受けて立つほうがさらに億劫なので、それを隠す程度に動いてみせる。その正体を見せてしまうのは、相手の女をよほど見くびった場合か、本当に信頼した場合しかないのである。私の場合がそのどちらなのか悩むべきところではあるけれど、ま、仮に前者だとしても気にしない。なぜなら、大人の男の場合、女を見くびるのも信頼するのも、これまた、ほとんど同義だからだ。

怠惰と見くびりと愛情が、同義。この命題が真だってこと、たいていの女は繁殖期が終わるまでは気づかないと思う。けど、気づくべきだ。目の前の怠惰な男に別れを告げて、次の王子さまを探しても、果ては同じことなのだから。男の愛情双六《すごろく》の上がりはここ。そもそも、私たち女とは、違うゴールを目指しているのである。

けど、自分だけに怠惰な男を眺めているのもいいものだ。彼の水が見えるのは私だけ。彼の波紋の美しさに照らされるのも私だけなのだもの。愛しくなって、やっぱり、彼の息に触れてみたくなる。

**「息が合う」の本当の意味**

さて、彼の息を気にするのには、彼の水以外にもう一つ理由がある。呼吸は、相手と意識を重ねるための大切な手段だからだ。

私は学生時代にボールルームダンス（いわゆる社交ダンス）の競技部にいた。ワルツやタンゴのようなスタンダード種目では、完全なコンタクト・スタイル（肋骨から、骨盤までを密着させるスタイル）で、非定型のダンスを踊る。つまり、ショーのようにあらかじめ決まった一連のダンスを披露するのではなくて、他の競技者を避けながら、フロアの空き具合によって、その場でシークエンス（ターンやステップの組み合せ）を創生していくのである。シークエンスを作るのは男性でリーダーと呼ばれ、このため男性前進で始めるステップがほとんどだ。対して女性は、フロアに背を向けたまま、男性の身体のリードだけを感じて動く。

そのとき、私はあることに気づいた。リーダーと呼吸を合わせると、彼のリードのほんの少し前に、彼の意図が伝わってくるのだ。ターンの歩幅も間違いがない。まるで魔法のようだった。

## 息を吐いた瞬間に女性を抱擁する

私は、それ以来、大切な対話のときに、相手の呼吸を読むようになった。呼吸は、その人の意識の有り様を見せる。ことばは、呼吸に乗せると効果がある。

たとえば、息子が幼いとき、何かで駄々をこねると、私は少し強い声で名前を呼んだ。はっとして彼が息を呑んだ後の呼気を待って、抱きしめてやるのだ。息を吐く瞬間の抱擁は効く。同じ動作でも、息を吸っているときだと、かえってぐずることがある。これは、おとなでも同じじゃないかしら。女性を抱擁するときは、ふぅっと息を吐いた瞬間がいい。ふぅっと息を吐かせるには、「開けごま」のことばが要るけど。私にはスキューバ・ダイビングに夢中だった時期もあって、このとき、インストラクターに言われたことが「息は、吐かなきゃ吸えないんだよ」だった。吸うことばかり意識して吐ききらないから、タンクの高圧空気が肺に入らないのだ。

不思議なもので、普段、無意識に行っている呼吸という動作は、吸って吐く組み合せだと意識してみるのと、吐いて吸う組み合せだと意識してみるのと、まったく違って感じられる。気持ちの方向が違ってくるのだ。意識は呼吸にあらわれ、呼吸は意識を支配する。

「息を吐いて」と書かれたプラスチック板を指差すインストラクターを見ながら、フィリピンの海の中で、私は、もう一度気がついたのだ。あのダンスの呼吸、私は吸気から合わせたけれど、半拍前の呼気から合わせたら、もっと完璧だったに違いない。

さて、話はぐるんと戻ってしまうが、途方に暮れた沈黙の中でこんなに長い思考の旅に出てしまうと、彼はたっぷり二十分は待たされることになる。はっとして彼を見ると、たいていは彼も勝手に思考の旅に出ているけれど。

こうなると、ますます最初の「なぜ、途方に暮れたのか」は思い出せない。そもそも私の「途方に暮れる」なんて、その程度のことなのか、何か大切なことを落としてしまったのか、どっちなんだろう。

# 物語の扉

この夏、二つの御題をいただいた。川端康成の『雪国』と、永井荷風の『濹東綺《ぼくとうき》譚《たん》』である。この二つ、舞台設定は違うが同じ匂いがする。そうおっしゃったのは社会派ライターの森彰英氏だ。

ショウエイさんの嗅覚は正しい。この点に気づかれたことも、この課題を私に持ち込んだことも。私にはこの二つの小説、男性脳の空間創生美学という観点で、まったく同じ小説に見えるのだもの。

**男性脳は異空間を求め続ける**

空間認識を性《さが》とする男性脳は、日常とは別の異空間を創生せずには生きていけない。

どんな男も、その脳の中に、女房には理解できない異空間がある。そして、たいていの男は、異空間に入るための儀式のようなものを持っている。

川端と荷風は、雪国と濹東で、それぞれの異空間を芸術として見事に創生している。着目すべき第一の点として、彼らには異空間に遷移する明白な儀式があった。トンネルと川、である。

雪国・越後湯沢は、ご存じのとおり「国境の長いトンネル」を抜けた先にある。群馬県側は関東ローム層の乾いた大地であり、山中に入ってもその植生を引きずっている。抜けた先の新潟県側は、湿度の高さが圧倒的な、まったくの別世界だ。森全体が濡れて思い詰めているように重い。関東の人間から見れば、雪がなくても、息を吞むような異境である。

濹東綺譚は、その名のとおり隅田川を東に渡る（濹は隅田川の別名・墨水に由来する）。玉の井と呼ばれた色町が荷風の異境だ。私は隅田川の西岸、蔵前辺りの住人だけれども、今でも「川向う」ということばにはある種の重さがある。川はすべての穢《けが》れを洗い流してくれる場所で、江戸社会では、忌むべき仕事は川向うにあったとされた。精神的な距離は非常に遠い。

山の手の住人であった荷風が、下町に下りてきて、さらに川を渡る。その儀式の重さは、上野から汽車に乗って五時間の雪国への旅にも匹敵すると思う。

考えてみると、二つのタイトル、『雪国』と『濹東綺譚』は、これらの儀式と、その儀式によって遷移する異空間のイメージを、うまく表現していると思う。

『雪国』というタイトルの本を手にとって、冒頭の「国境の長いトンネルを抜けると雪国であった。夜の底が白くなった」とやられてしまうと、脳はすっかり異空間だ。ここまで見事だと、秀逸な一幅の画を見ているようで、ここで起こることの起承転結など、読者はあんまり気にしていないのではないだろうか。たぶん、物語の顚末をきちんと話せる人は少ないと思う。

ここに、二人の作家は、異空間に相応しい女を遊ばせた。芸者・駒子と、遊女・お雪である。

日常に隣接した異空間をどう創生するかは、大人の男の教養でもある。いい男は、いい異空間を「飼って」いる。彼らがそこにあえて女を迎えるとき、欲するのは、異空間に愛しいオブジェとして存在し、そこからけっして出てこない女たちなのだ。

川端が『雪国』を書いたのが三十代半ば、荷風が『濹東綺譚』を書いたのが五十代半ばだという。脳の持つ基本イメージとして、以前から私は、トンネルは生（産道）のモチーフ、川は死（彼岸）のモチーフだと思っている。この二人の手法の違いは、年齢に拠るところも大きいかもしれない。

その影響は異空間の後始末にも顕れていて、『雪国』の主人公島村は雪国に飽きるけれども、『濹東綺譚』の主人公「わたくし」は玉の井をあきらめる。物語の扉を、開けっ放しで去った川端と、静かに閉めた荷風。生殖期間中の男性脳で書いた『雪国』は、まだ青い、と言えるかもしれない。

**女性脳のキーワードは「時間」**

さて、男性脳の異空間遷移性を言うのであれば、女性脳も語ってやらなくては。女も異空間を楽しむのが好きだ。ただし、そこへ至る手法が、男性とは違うのである。

先日、食事の前に一時間ほど手が空いたので、夕暮れの風に涼をもらいながら紹《ろ》の着物を着てみることにした。長襦袢《ながじゅばん》に薄物の襟をかけ、化粧を直して、髪を上げる。袖を通して着丈を測り、紐を重ねて最後の帯揚げを整えるまで、手早いほうだと思うけれど四十五分はかかる。

その間、少しずつ、私の内側に霧のように満ちてくるものがある。情緒と言ったら美しすぎる、官能と呼ぶには大袈裟すぎる、そんな何かだ。帯を結ぶころには、その思いの霧は、身体の内側で結露して雫になる。

時間《とき》をまとう。帯の衣擦《きぬず》れを聞きながら、ふと、そんなことばが浮かんだ。時間が結んだ、情の雫を胸に、大切なひとに逢う。

女性脳は、時間軸を制する脳である。私たちが異空間に移動するには、「時間」が要る。男たちが、異空間に移動するのに、空間の変移が必要なのとは少し違うのである。女たちが旅をするのは、空間を移動する「時間」を貪るためであって、空間遷移は実は第一目的ではない。湯布院が隣町にあっても、女性脳はロマンスを感じられないのだ。

逆に女性脳は、空間移動をしなくてもいい、ということになる。約束の日を指折り数える時間、仕度をする時間、ゆったりとことばを交わす時間。女の情の雫を大きくしたいのなら、男たちは時間を端折《はしょ》ってはいけない。

## 「楽しみにする時間」をあげる

舞台が変われば一瞬でその気になれる男性脳には、女性脳が必要とする積み重ね時間を面倒臭いと思うかもしれない。けれど、その時間は別に共有する必要がないのだから、楽なものだ。前々から楽しみにさせて、仕度に時間をかけさせればいい。

たとえば「梅雨が明けたら、美味しいビールを呑みに行こう」と声をかけるだけでいい。梅雨の間中、女は楽しみにしている。男のことばを何度も反すうして微笑み、肩のあいたワンピースを買ってみたりする。別に高級レストランでなくてもいいのだ。なにより積み上げ時間が大切なんだからね。こうなれば、当日、男が遅れ気味に駆けつけても、到着したとき女性はもうその気。楽なもんでしょ？　無粋な男はそれを端折って、当日も時間をうまく紡げないから、徹底的に女を白けさせる。もてる男ともてない男はそこが違うんだけど、男たちはわかっているのかしら？

この話を男性にすると、「そこまで期待させると、駄目になったときがねぇ」と必ず言われる。男性脳の論理は、結果に集約される。なので、高い期待値に対して負の結果を返すことの落差に怯えるのだろう。だけど、心配しなくてもいい。女性脳の情は時間軸の積分関数で溜まってゆくから。たとえ約束が果たされなくても、約束を大切に思いあった時間は彼女には残る。夏はまだ長いわ、秋のビールだって美味しいし、と機嫌よく切り返してくれるはずだ。

逆に気をつけなければならないのは、不誠実な発言。女は、ネガティブなことばも何度も反すうして味わい、負の思いも期待感と同じように時間軸に溜めてゆく。その値がある閾値《しきいち》を超えたとき、女性脳は突然何もかも嫌になって投げ出してしまうのだ。こうなると、けっして取り返しがつかないのが女性脳だ。

男性脳は、よほどぎりぎりの判定でない限り三回許したことは千回目も許すのが基本だ。女性脳は一万回許しても、一万一回目に許すとは限らない。ビールの約束も、クリスマスまでに果たさなかったらちょっと危険かもしれない。

## 男が「家庭（恋）」と「仕事」をまぜない理由

さて、男たちが女性脳の積み上げ時間を知らない一方で、女たちも男の空間遷移の妙を理解していない。空間が遷移してしまえば、男たちの生理的な記憶は意外に断絶してしまうもので、空間の切り分けさえ間違わなければ、恋人への情愛と仕事への情熱、女房への慈愛は混ざらないのが男性脳だ。彼らの脳内には、仕事や家庭や恋人の棲む認識世界が別々に複数存在する。すなわち、複数の「物語の扉」を持っている。

一方、女は、仕事している最中でも、雨が降り始めれば、子どもの傘を心配し、寝室の窓が閉まっているかどうかが気にかかり、スーパーマーケットの「雨の日」割引まで思い至る。すべての認識空間が、たった一つの世界になって脳の中に存在するのだ。女たちの「物語の扉」は一つ。自分というヒロインを中心に、膨大な物語を紡いでいる。

女が「どんなに忙しくても、気持ちがあれば電話の一本くらいできるはず」と責めるのは、自分は難なくそれができるからで、仕事と家事と恋愛と人生をすべて一つのテーブルに載せて、混ぜこぜにどんどん片付けているからだ。

男たちの場合は、それらは一つの命題にならない。「物語の扉」を隔てて、容易には行き来できない独立事象なのである。男はそのことを、もう少し女にわかり易く表現してあげたほうがいい。

ありがたいことに、私の大好きなひとのそれは、とてもわかり易い。彼の東京物語の扉は、羽田の出発ゲートで閉じるからだ。私は、空港へ見送りに行く、という行為を気に入っている。あのひとが向こうの物語へ消えてゆくのを眺めているうちに、私の物語の扉もちゃんと閉じるから。私の脳は、まるで優秀な男性脳のように、あのひととの現実感を失くしてしまう。同じころ、気流に乗った彼の脳で、私が非現実のオブジェになってしまうのと同じように。

# 終わりの魔法

とても悲しい夢で目が覚めた。休日の昼下がりのことだ。私の不注意で、家族を失う夢だった。無防備に、私にすべてを委ねている、穏やかないのち。名前を幾度呼んでも取り返しがつかない。大人になってみると、この幻想ほど恐ろしいものはない。

あんまり悲しかったので、私は反則を犯した。私の大好きなひとに電話をしたのだ。私の妄想が創り出す悲しみに、彼を付き合わせたことはなかったのに。

**最上の別れのことば**

「どうしたの?」と心配そうに聞いた彼に、悪い夢を見たのだと告げたら、涙が止まらなくなってしまった。気がついたら、子どものころのようにしゃくり上げていた。

「いいこと、教えてあげようか?」

彼が言った。

「私も今、目が覚めたのだよ。まだ、寝床の中にいる。あなたと同じように」

このことばで、私はふんわりと、背後から抱きすくめられた。何百キロも隔てた彼の腕が、しっかりと私を支えてくれた。「実存と一緒ね」と呟いたら、「実存なのだよ」と、確かに寝起きの声で、彼が応えた。

その日から、私の大好きなひとは、ずっと私の傍にいる。電話なんか使わなくても、私を包む森羅万象となって、私に光を降り注いでくれている。たった二往復半の会話で、彼は永遠の実存を私にくれたのだった。

「実存なのだよ」は、私が人生でもらった、最上の別れのことば、でもある。私たちは二度と離れ離れにならない。たとえ実際の指が触れ合うこともなく、互いの肉体を見失ったとしても。彼のことばは、永遠に終わりのない珠玉の呪文、「終わりの魔法」だ。

私は、この「終わりの魔法」をかけてもらうために女に生まれてきたのだと思っている。ここまで幾度の輪廻《りんね》を重ねてきたのか知らないけれど、私はたぶんこの肉体の死をもって森羅万象に散ると信じる。彼が森羅万象に散って、私の傍にいてくれるように。

**余生を生きる意味**

さて、となると、私がこの後の余生を生きる意味は何だろうか。この世には、まだ秘密の魔法があるのかしら。ま、少なくとも先月十一歳になったばかりの息子にこのことを伝えるためには、もう少し時間がいる。息子には、男と生まれた以上、愛するひとに「終わりの魔法」を与えてほしい。彼の生き様と、彼のことばで。それが男子の本懐なのではないだろうか。たった一つの魂が、ただ一つの魂を鎮めるのみ。尺度を一つに決めたら、人生は、ただただシンプルだ。

「終わりの魔法」のせいかしら。この夏は、何となく、余剰のエネルギーを収支決算するような出来事が続いた。

先週は、我が家の若い雌猫の脚に骨の奇形が見つかった。愛らしさを追求して掛け合わされたこの種の猫に出やすい奇形だそうだ。「だから、この子は、猫らしくないのですよ」と獣医の先生が言う。子孫を残すための、立派な固体とは違う、という意味だった。

確かに彼女は、食べ物にほとんど執着せず、発情しても穏やかで、子どもたちに構われても怒りもせず、ちっとも獣らしくない。妖精のような不確かな存在感の猫なのだ。

今は、ちょっと鈍臭い程度のバランスの悪さだけれど、この奇形は進行して、やがて本人が苦痛を感じるまでになることもあるという。遺伝子のプログラムなので、治療方法も対症療法もないのです、そのときは……と気の毒そうに獣医が口をつぐんだ。安楽死を示唆しているのだと思う。

この話を聞いて、私は、実はほっとしていた。若く美しい生き物をマンションの一室に閉じ込めて暮らすことに、私自身がどんなにストレスを感じていたかわからない。街を冒険する自由も、恋を楽しむ愉楽も、母猫になる誇りも彼女にはないのだもの。その存在に与えられた生を全うさせてやれないことが、私には辛くてたまらなかった。

けれど、彼女は、そのための個体でないという。ただ静かに今生を全うする個体なのだ。奇形は気の毒だけれど、これが猫に時折見られる奇形で、彼女の運命だとするなら、よくぞ私のところへ来てくれたと思う。後は、彼女の苦痛を最小限に留める努力をするのみだ。

こう考えてみると、人は、自身が償える分の入力エネルギーだけを手に入れて暮らしてゆくものなのかもしれない。風変わりな一人息子と、妖精のような猫、超実存の大好きなひと。これが、今の私がなんとか償えるものたちだ。ささやかな人生なのか、奇特な人生なのか、なんとも測りようがないけれど。

そんなことを考えながら歩いていたら、残暑の川土手に彼岸花が咲いていた。まるで、誰かの償えなかった思いを昇華させているかのように、唐突な形状の、燃える紅《べに》を咲かせている。

## 苛烈な生の情念

ヒガンは、苛烈な語感を持ったことばである。

ヒは、喉を空けて、肺の中の空気を一気に喉元にぶつける音。喉にぶつけられた息は、上顎を扇状に滑って、前歯を擦る。体内温を集めて喉を焼いた熱い息は、上顎をあまねく干上がらせ、やがて驚くほど冷たい風になって唇を刺す。

この世で、最も熱く、最も冷たい情念が、ことごとく、世界を覆い尽くすさま……口の中で起こることを突き詰めると、ヒはとても強いカリスマ性を感じさせる。まさに、ヒーローのヒ。使いようによっては、怖い音なのだ。たとえば、幽霊に、たった一文字言わせるとしたら、「ひ」が一番怖いはず。叩きつけるような「た」や、突き刺すような「き」もかなわない。ヒッチコック監督は、その名がもう恐ろしいのである。リッチコックの「鳥」より、ヒッチコックの「鳥」と言われたほうが恐ろしい。

そのヒに、頭蓋を芯から揺さぶるガが続き、最後のンは喉を塞ぐ。ヒガンの語感分析をしていて、その苛烈さに、私は息を吞んだ。彼岸に渡るには、こんなにも苛烈な状況を抜けなければならないのだろうか。

あるいは、人の一生とは、その苛烈さを数十年に引き伸ばして、昇華して行く道のりなのかもしれない。一度で昇華できなければ、輪廻して、何度でも。

彼岸花は、毒々しい華やかさを撒き散らして、残暑の陽炎《かげろう》の中にすっくと立つ。私たちは、忌まわしいと舌打ちしながら、この花をそっと振り返る。誰の心の中にも、この花だけに慰撫される、忌まわしい情念のようなものがある。

いったい、この花を、誰がヒガンバナと呼んだのだろう。そのずっと以前、苛烈な生の情念を昇華して逝く先に、ヒガンという音韻を与えたのは、どのような知性だったのだろうか。

それにしても、ことばとは、何なのだろうか。何百年、何千年の悠久の時間に、数え切れないほど繰り返し使われたことばたち。ことばを口にするとき、私の中に、誰かが過去にそのことばに託した思いが流れ込んでくるような気がするときがある。ヒガンバナ、とゆっくり発音すると、彼岸花を振り返らずにはいられなかった女の哀しさが私の中心にすとんと落ちてくる。彼女が亡くした幼子の小さな指が、私にも見えるのだ。

ことばの不思議は、じんわり温かくて、なんとも愛《かな》しい。大好きなひととの「終わりの魔法」で、私がその場で森羅万象に散らなかったわけは、ことばの旅の途上にあるせいかもしれない。せめて、生きた証に、やさしいことばを一つ残して散りたいとだけ、願うように思っている。けれど、たった一つのことばを選ぶのは難しい。だからこそ、こうして一冊の本が出来上がるのだけれど。

## おわりに――おなじ時間を生きてくれたひと

私の人生に、たったひとつだけフェードアウトしなかった縁がある。

共に生きて、息子の父になってくれたひと。

本編に、大人の恋は飴玉だという話を書いたけど、夫婦の飴玉は、時に吐き出したくなる。正直言えば、そっと口から出して、小皿の上に置いておくときだってある。

それなのに、またふと口にしてみると、捨てたときより大きくなっていたりするから面白い。たまに嫌になるけれど、ずっと消えない魔法の飴。

何だろうねぇ、夫婦という縁は。


私の両親の縁は、父のひとめぼれで始まった。

父の「母への片思い」は、生涯、ふたりのトーンとなっていた気がする。

晩年、真性多血症という珍しい病気で、すでに余命を言われていた父が、それでも立てるうちは、毎朝、母のベッドへ熱いおしぼりを持って行った。膝の悪い母が、洗面所まで行かなくてもいいように、と、父が始めた朝の習慣である。

母のもとへおしぼりを届けたあと、母の枕もとの飴玉を一つつまんで、ベッドわきの椅子に座る。その飴玉は、私が補充役だったのだが、できるだけ大きなものを入れておいてあげた。父が、その朝の時間を、少しでも長く楽しめるように。

ある朝、母の部屋の前を通り過ぎたら、母が「早く、自分の部屋に戻ってよ」と、父に言っている。父は「この飴玉が終わったら行くよ」と答えた。そうしたら母が、「じゃぁ、ちゃっちゃと噛んじゃって」と容赦ない(苦笑)。父が、ガリッと飴玉を噛む音が聞こえた。

ひどい女のようだけど、ふたりの五十年を知っている私にはわかる。あれは、ふたりのプレイなのである。父が甘えたり、からんだりして、母がそれをウザがる。父はそれを面白がって、何度でもやる。

その父がこの世を去ったあと、二週間ほどしてからだろうか、母から電話がかかってきた。「何度考えても、私の人生にお父さん以上の人はいなかった」と。

遺骨を前にして、母は結婚生活を何度も反すうしたのに違いない。

「お父さんは、私のこと、愛してたかしら」と聞くので、「愛してたに決まってるでしょ。あんなに邪険にしたのに、ずっと傍にいたがったんだから」と返したら、「私も、愛してるって言えばよかった。あなたの妻になれて、本当によかった、って。一度も言ったことがない」と母は泣いた。

私は、「よかったね、お母さん。四十九日までは、この世に魂がいるって言うから、その話、お父さん聞いてるよ」と、私も一緒に泣いた。

その晩、母から再度電話がかかってきた。「あなたさ、お父さん、私の話を聞いてるって言ったよね？　あれから、何度も『十五分だけ化けて出てきて』とお願いしてるのに、お父さん、出てこないけど？」

こういうことを真剣に言ってしまうところが、母のかわいいところなのである。私は、吹き出しながら、ふと「お母さん、なんで十五分だけなの？」と聞いたら、「あら、それ以上いたら、ウザいでしょ？」

まるで落語の落ちのような、私の父と母の長い長い恋の結末である。

夫婦の縁は、深くて、粘り強くて、きれいごとじゃない。こんな縁を誰が断ち切れるだろうか。

私と夫も結婚三十七年め。今になってみると、最後は、この縁がすべてに勝っていくのだなぁと、しみじみ思う。だからこそ、この本を書けたのである。フェードアウトした恋を悔やまずに済んだのは、なにかと予想外の言動を返してくる、飽きない夫のおかげ。

人に言えない、社会的責任を揺るがす思いに胸を焦がすことがあってもいい。けど、容易に手放せない縁もまた、壊さないように大切にしてほしい。

夫婦の飴玉は、小皿に出してしまうことがあっても、晩年、また噛みしめることができる。苦みや辛さを伴うときもあるけどね。でも、それもそれ、甘いだけが味わいじゃない。大人なんだから（微笑）。

恋という感性研究の原点に、再び戻してくださった河出書房新社の太田美穂さんに心から感謝します。そして、この本に感応してくださり、最後のこのページまで恋バナにつきあってくださった読者のあなたにも、心からの感謝を捧げたい。

いろんな縁を味わって、「この世」というアトラクションを楽しむ。私たちの脳は、そのために生まれてきたとしか思えない。どうか、あなたのアトラクションを楽しんでください。

よき人生を。

黒川伊保子

＊本書は、あらたに書き下ろされた「第一部　大人の恋の楽しみ方」に加え、二〇一六年七月に刊行された河出文庫『感じることば』の「第二部　恋の情景」を大幅に加筆・修正の上、収録した。

河出新書 051

# 恋《こい》のトリセツ

二〇二二年六月二〇日　初版印刷
二〇二二年六月三〇日　初版発行

著者　黒川《くろかわ》伊《い》保《ほ》子《こ》
発行者　小野寺優
発行所　株式会社河出書房新社
〒一五一－〇〇五一　東京都渋谷区千駄ヶ谷二－三二－二
電話　〇三－三四〇四－一二〇一［営業］／〇三－三四〇四－八六一一［編集］
https://www.kawade.co.jp/
マーク　tupera tupera
装幀　木庭貴信（オクターヴ）
印刷・製本　中央精版印刷株式会社
Printed in Japan　ISBN978-4-309-63152-3

# 不機嫌のトリセツ

黒川伊保子
Kurokawa Ihoko

家族間のイライラ、男女間のムカムカ、
職場でモヤモヤ、コロナ禍でギスギス……
今という時代を機嫌よく生きるための
究極のトリセツ誕生！
人間関係の悩みをすべて解決！
著者集大成の「不機嫌退散レシピ」

ISBN978-4-309-63130-1

河出新書
028